Andreas Malessa

Was gibt's da zu lachen?!

Advent und Weihnachten, mal so gesehen

BRUNNEN
Verlag Giessen · Basel

Andreas Malessa ist Hörfunkjournalist beim DeutschlandRadio Berlin,
Fernsehmoderator beim Südwestrundfunk Stuttgart,
Pastor im Bund ev.-freikirchlicher Gemeinden Deutschland und
allseits gefragter Referent und Moderator kirchlicher und
kultureller Veranstaltungen. Er ist verheiratet und Vater
von zwei erwachsenen Kindern.

FSC
Mix
Produktgruppe aus vorbildlich
bewirtschafteten Wäldern und
anderen kontrollierten Herkünften
Zert.-Nr. SGS-COC-1940
www.fsc.org
© 1996 Forest Stewardship Council

© Brunnen Verlag Gießen 2009
www.brunnen-verlag.de
Lektorat: Petra Hahn-Lütjen
Umschlagfoto: Corbis
Umschlaggestaltung: Sabine Schweda
Satz: DTP Brunnen
Druck: GGP Media GmbH, Pößneck
ISBN 978-3-7655-1726-6

Inhalt

Vorwort   5

Chorprobe bei den himmlischen Heerscharen   7

Und auf wen warten Sie?   19

Man trifft sich meistens mehrmals   27

Vorweihnachtsblitz aus trübem Himmel   39

Das wär' doch nicht nötig gewesen!   45

Arme heilige Maria   49

Engel verpasst   59

Sti-hi-lle Nacht   67

Gesucht: die Heilige Familie   71

Die halbwegs heiligen drei Königinnen   85

Scherben an Dreikönig   89

Sterne sind mir schnuppe   95

Vorwort

Es stand in der Wochenendbeilage einer großen deutschen Tageszeitung. Und es war kein Druckfehler. Sitzen Sie gut? Aus dem Weihnachtslied »O du fröhliche, o du selige, gnadenbringende Weihnachtszeit« wurde zitiert: »Christ ist erschienen, uns zu *verwöhnen*.« Tja. Dass Christus unsere Schuld stellvertretend gesühnt und uns mit Gott versöhnt hat, war wohl im adventlichen Kaffeeduft mit Verwöhnaroma verdampft.

Einerseits finde ich solche theologischen wie sprachlichen Knaller in den Medien lustig, denn aus der Reibung von Anspruch und Wirklichkeit, Bildung und Banalität sprühen Funken des Humors. Wenn man die kreativ anfachen kann – wie Karikaturisten, Kabarettisten und Satire-Texter das tun – entsteht manchmal ein Lagerfeuer des gemeinsamen Gelächters, das die Herzen erwärmt.

Andererseits finde ich den Substanzverlust und die inhaltliche Erosion der Advents- und Weihnachtszeit bestürzend. Auf die Quizfrage eines Wiener Radioreporters »Wie hieß das Kind von Maria und Josef, dessen Geburtstag wir feiern?« antworteten die – immerhin mehrheitlich katholischen! – Österreicher:

»Nikolaus oder Santa Claus oder so?«, »Wan's a Bub woar, Josef junior?« und »Harry Potter?«.

Mit frommer Entrüstung oder oberlehrerhaftem Zeigefinger wäre niemandem gedient. Aber vielleicht ja mit einer Kombination aus Predigten, die das Evangelium von der Menschwerdung Gottes kreativ nach- und weitererzählen.

Und mit Kurzgeschichten, die augenzwinkernd unseren hektischen Alltag im Dezember aufs Korn nehmen. Mit geistlichem Schwarzbrot, ohne Schmalz. Und mit ein paar Stückchen Chili-Schokolade des selbstironischen Humors. Damit Sie weder sorgenvoll noch gereizt, weder kitschig eingelullt noch latent melancholisch auf Weihnachten zugehen, sondern sich von Herzen auf eine »fröhliche, selige, gnadenbringende Weihnachtszeit« freuen können. Wohl bekomm's!

Andreas Malessa
Herbst 2009

Chorprobe bei den
himmlischen Heerscharen

Ruhe, bitte! Ruhe!« Erzengel Gabriel, Dirigent und Arrangeur der himmlischen Engelchöre, musste mit dem Taktstock mehrmals aufs Notenpult klopfen.

Die Heerscharen in Weiß und Gold raschelten mit den Flügeln, kicherten nervös und waren ungewöhnlich aufgeregt. Verständlicherweise.

In wenigen Minuten würde etwas passieren, was seit Jahrtausenden sehnsüchtig erwartet wurde. Das unbegreifliche, im Wortsinn un-denkbare Wunder: Gott selbst kommt als Mensch in die Welt!

Der »Messias«, der Gesandte Gottes, der Befreier von der Macht des Bösen, der Versöhner und Heilbringer, würde heute Nacht erscheinen. Wie? Als Menschenbaby, von einer jungen Frau geboren. Gleich würde die hauchdünne Trennwand zwischen Raum und Zeit der Menschenwelt und der Unendlichkeit und Ewigkeit des Himmels aufreißen und sie, die Engel, würden für normale Menschenaugen und -ohren zu sehen und zu hören sein!

So etwas verursachte selbst im höchsten aller höheren Chöre Lampenfieber.

Lebhaft schnatterten Sänger, Sängerinnen und Instrumentalisten durcheinander.

»Ruhe, Menschenskinder noch mal!«, rief Gabriel entnervt. Aber da lachten alle noch lauter. Denn das waren sie ja nicht. Das sollte Gott erst werden: ein Menschenkind.

»Also. Ich habe aus den vielen prophetischen Ankündigungen des Retters Jesus, aus den Psalmen und Jesaja-Texten, folgenden kurzen Zweizeiler formuliert«, sagte der Herr Dirigent und errötete etwas, wie alle, die ein eigenes Gedicht vorlesen sollen. »Ehre sei Gott in der Höhe und Friede auf Erden den Menschen seines Wohlgefallens.«

Was für eine Stille das ist, wenn alle still sind, das merkt man im Himmel wie auf Erden sofort: Es gibt beleidigte Stille, unheilvolle Stille, schläfrige Stille.

Dies war eine bewundernde Stille. Eine staunende, bewundernde Stille.

»Das wird ein Hit!«, dachte ein kirchengeschichtlich weitsichtiger Engel in der dritten Reihe begeistert. »Die ersten Nachfolger Jesu und viele Passanten auf der Straße werden es jubelnd rufen, wenn Jesus auf einem Esel nach Jerusalem einzieht.«

Gabriel räusperte sich laut. »Ähhm. Hmhm. Diesen … wie soll ich sagen …« – *Chartbreaker*, dachte der Sänger in der dritten Reihe, seiner Zeit voraus.

»… diesen, diesen Lobgesang müsst ihr allerdings ohne Dirigenten aufführen, weil ich zunächst mit einem Solo-Programm den Hirten auf dem Felde erscheinen möchte und ihr später nachkommt.«

»Klar!«, dem Bassisten hinten rechts leuchtete die Maßnahme ein. »Wenn wir mit der geballten himmlischen Herrlichkeit über die Leute herfallen, ist ihre Panik größer als ihre Freude.« Er stand auf: »Richtig, Gabriel. Und selbst, wenn du alleine zu ihnen gehst – sag lieber erstmal ›Fürchtet euch nicht! Siehe, ich verkündige euch große Freude.‹ Ich finde so was wichtig, die Freude zu betonen, meine ich. Sonst geraten sie nur in Hektik.«

»Hektik machen die sich noch genug. Jahrtausendelang, immer um diese Zeit«, dachte der langfristig Vorausschauende und nickte.

»Moment mal«, rief eine Harfenspielerin aus dem Orchester dazwischen, »Ich hör immer ›Hirten‹! *Die* sollen unser Publikum sein? Humbtata-Schenkelklopfer vom Musikantenstadl, die immer auf die Eins klatschen?

Warum schmettern wir unser majestätisches Lob von der Ehre Gottes und seiner gnädigen Versöhnung nicht in eine erhabene Mitternachtsmesse in den Jerusalemer Tempel? Oder gleich in Rom in den Kaiserpalast?«

»Genau!« Die Sopranstimme aus der ersten Reihe kreischte beinah. Sehr unengelhaft. »Ich soll die kostbare Botschaft vom Frieden Gottes in die triviale Wuseligkeit überfüllter Basarstraßen und verrauchter Gasthäuser hinein singen? In den Gestank der Vieh haltenden Landwirtschaft? Also nee ...«

Und dabei rümpfte sie ihre eigentlich sehr hübsche Nase.

»Hirten!«, empörte sich die Harfenspielerin wieder, »Die ziehen doch den Tieren *und* den Menschen das Fell über die Ohren! Womöglich noch mit ungelernten Tage-

löhnern dabei. Die haben ein dermaßen niedriges Sozial-
prestige, die sind so was von unten auf der Rankingliste
der Berufe, dass sie vor Gericht meist gar nicht als Zeugen
zugelassen werden! Ausgerechnet die Unglaubwürdigs-
ten einer Gesellschaft sollen dann unsere Gute Nachricht
weitersagen? Na toll!«

»Und außerdem«, ergänzte die Sopranistin – ihre Stimme klang wieder mehr nach Engel als nach Blecheimer –
»außerdem werden sie intellektuell gar nicht mit den
Implikationen der Inkarnation fertig!«

»Hä?«

Niemand konnte sagen, woher es gekommen war, aber
irgendein Engel hatte »Hä?« gefragt.

»Die raffen das mit dem Wunder der Menschwerdung
nicht, meine ich«, schob Frau Sängerin nach.

Chorleiter Gabriels Engelsgeduld, immerhin später sprich-
wörtlich, wurde so kurz vor dem großen Auftritt noch mal
kräftig strapaziert. Die jetzt eingetretene Stille war eine
aufsässige, eine lauernde Stille, und das missfiel ihm.

»Ehre sei Gott in der Höhe«, sagte Gabriel mit fester
Stimme – und sofort änderte sich die Atmosphäre – »bedeutet nicht Glanz und Glamour im irdischen Sinne. Gottes Majestät ist bitte nicht mit menschlichem Prunk und
Protz, mit Imponiergehabe und Gegockel zu verwechseln!
Der Ruhm des Höchsten, wie es in den Psalmen heißt, hat
doch nichts mit Publizität und Popularität zu tun!

Sondern Ehre, Majestät und Herrlichkeit sind Gottes
Wesen. Und weil Gott wesensmäßig Liebe ist, weil seine Gnade reicht, so weit der Himmel ist, deshalb ... –

na? Na?« Er blickte so herausfordernd in die Runde, dass augenblicklich die sogenannte stecknadelfallfreie Stille eintrat –»deshalb will er ja gerade zu den kleinen Unbekannten, zu den Unbeliebten und Unterbelichteten kommen!

›Wollt' deshalb gnädig sein und nicht mit Hohn verachten, die nichts auf dieser Welt zustande brachten …‹«

»Das wird die Poesie der kleinen Leute werden«, dachte der historisch Ahnungsvolle in der dritten Reihe, »vor allem am Niederrhein. Sach ma nix«, dachte er aber sofort und hörte weiter zu:

»… und deshalb demonstrieren wir heute Nacht da unten die Aufwertung der Geringen, die Wertschätzung der Armen, die große Freude in kleinkarierten Verhältnissen. Gottes Macht« – und bei diesem gewaltigen Begriff wurde es noch um einen Zacken stiller im Himmel, mucksmäuschenstill würde man auf Erden sagen – »Gottes Macht zwingt ja niemanden zu Boden, sondern richtet ihn auf. Gott macht hängende Köpfe zuversichtlich und gebeugte Rücken gerade. Er kommt als Baby auf die Welt. Klein, zerbrechlich, wehrlos. Und entfaltet in dieser Gestalt die stärkste Macht im Menschen: die Liebe. Und obendrein ist Gott nicht nur wesensmäßig Liebe; er hat sogar Humor. Ausgerechnet die schlicht Gestrickten, die draußen schlafen und deren Gerede man bezweifelt – ausgerechnet die sollen Gottes Botschaft weitertragen und werden seine Zeugen sein, jawoll!«

»Das wird ein Prinzip werden«, grinste der kirchengeschichtlich weitsichtige Engel in der dritten Reihe, »die

Nachricht von der Auferstehung Jesu wird er dann ausgerechnet von zwei Frauen weitersagen lassen, deren Aussagen vor Gericht zu ihren Lebzeiten auch nicht justiziabel sind. Und die Ausbreitung des Evangeliums wird unter Sklaven in Antiochien und Hafenarbeitern in Korinth am stärksten sein. Einen Feigling und Lügner namens Petrus wird er Fels-der-Gemeinde nennen. Einen Choleriker namens Paulus, einen blitzgescheiten, aber kantigen Expharisäer wird er aus dem Knast einen Brief an die Philipper schreiben lassen. Mit einem wunderschönen Hymnus drin vom ›Abstieg Gottes aus Liebe‹, vom ›gnädigen Herunterkommen Gottes‹ und seiner freiwilligen ›Knechtsgestalt‹ ...«

Gabriel räusperte sich wieder. »Und was das Bildungsniveau unserer irdischen Zuhörer anbetrifft, verehrte Frau Sopranistin: Die Menschen werden mit dem Geheimnis der Menschwerdung Gottes nie fertig werden. Auch die Klügsten nicht. Es bleibt eine Undenkbarkeit, eine philosophische Aporie, ein ärgerlicher Stolperstein im prachtvollen Mosaik menschlicher Logik. Aber wer sich – unvoreingenommen und wagemutig – auf die Suche nach Jesus macht, wer abspringt wie ein Trapezkünstler und vertraut, dass er aufgefangen wird, der wird tatsächlich er-griffen, gehalten, gerettet werden. Bei einer himmlisch schönen Musik. Bei einem entscheidenden Gespräch. Nachts über einem Buch. In einem Gottesdienst. In der tätigen Nächstenliebe für Arme, Kranke, Gefangene. Ab heute« – sein Taktstock zitterte, er hatte sich in Erregung geredet, kein Zweifel – »ab heute können die Menschen Gott überall begegnen. Denn die Zeichen der Macht und der Herrlichkeit, der Majestät und Heiligkeit Gottes sind nicht Krone oder Zepter, nicht Tempel und Altar, sondern Windeln und Krippe. *Da* werdet ihr ihn finden, *so* werdet ihr ihn erkennen, werde ich den Hirten gleich sagen.«

»Aha. Soso. Wird das hier eine Vorlesung oder proben wir heut noch?«, hätte die Harfenspielerin am liebsten eingeworfen, beherrschte sich aber.

»Unser himmlisches Licht erlischt ja wieder«, fuhr Gabriel fort, »unsere engelhaften Gesangsharmonien sind bald verklungen. Und dann herrschen wieder sehr erdverbundene Zwielichtigkeit und soziale Kälte. Deshalb schicke ich sie zum Kind in der Krippe. Zu Jesus, dem Licht und der Wärme der Liebe Gottes.«

»Und doch«, unterbrach ihn jetzt der stets Weiterdenkende aus der dritten Reihe, »und doch werden die Menschen jahrtausendelang immer um diese Jahreszeit alles zusammentragen, was sie an unseren Auftritt erinnert: Kerzen und Lichterketten, Sterne und Kugeln, Engelattrappen und Rauschgoldlametta.«

»Tatsächlich?« Gabriels Vorstellungsvermögen wurde ähnlich stark strapaziert wie seine Engelsgeduld. »Aber sie könnten doch 365 Tage im Jahr an die Krippe kommen und ihre emotionalen und sozialen, ihre geistigen und ihre geistlichen Dunkelheiten ans Licht bringen! Ganz ohne Angst vor Bloßstellung könnten sie das. Ihre Verletztheiten, ihre Lügen, ihre Gleichgültigkeit, ihre Untreue, ihre Traumata – alles würde Gottes vergebende Liebe ihnen abnehmen. Wenn sie nur darauf vertrauen, dass

Jesus ihretwegen und deswegen auf die Welt gekommen ist ...«

»Jaja«, entgegnete der prophetisch Begabte, »aber ...«

»Aber jetzt macht mal hinne«, krähte die freche Sopranistin dazwischen, »wer weiß, wie lang die hauchdünne Trennwand noch hält zwischen unserem Jenseits hier und ihrem Diesseits dort, also ich meine, umgekehrt, unserer himmlischen Welt hier und ...«

»Schon gut, schon gut, beeilen wir uns.« Gabriel fand in seine Funktion zurück. »Also ich hoffe, der Gesangstext ist klar. Die Umstände und Abfolge unseres Konzertes auch?«

Irgendwie bemerkte er erst jetzt, wie strahlend, wie gleißend schön seine riesige Truppe da vor ihm stand. Er lächelte zufrieden.

»Na ja ...« Zögernd meldete sich ein Tenor zu Wort, »Was ist mit der zweiten Zeile deines Textes: ›Friede auf Erden den Menschen seines Wohlgefallens‹ – heißt das, *nur* die Menschen, an denen Gott Gefallen hat, werden Frieden haben in ihrem Leben? Exklusiv nur diejenigen, die stets feste glauben und alles richtig machen? Wenn das so ist, dann schlage ich das Wüstenkloster Qumran als Bühne vor. Den weltabgeschiedenen Asketen und strengen Mönchen, denen sollten wir zuerst erscheinen, oder?«

»O nein, nein! Danke für den Hinweis«, seufzte Gabriel und raufte sich das wallende Engelhaar mit links, »der Friede Gottes, der umfassende Zustand geheilter Beziehungen auf allen Ebenen, der Schalom eben, das Heil im größtdenkbaren Sinn, ist für alle Menschen gedacht und gewollt. Wir könnten auch singen: Friede allen Menschen, denen Gottes Wohlwollen gilt. Leider ...« Gabriel verlagerte die ordnende Tätigkeit seiner linken Hand vom Haar zum Bart.»... leider werden sich nicht alle davon beschenken und inspirieren lassen. Sondern lieber weiterkämpfen. In Gleichgültigkeit gegen Gott, in Geringschätzigkeit und Hass gegeneinander und im Widerstreit mit sich selbst. Bis zum Zerbruch von Familien, bis zu Gewalt in der Sexualität, Mord und Totschlag, Krieg und Völkermord kann das gehen. Wenn Friede nur als frommer Wunsch verstanden und dementsprechend belächelt wird. Und nicht als Gabe und Aufgabe Gottes, der das Recht liebt und Gerechtigkeit schafft und sich die Rache vorbehält und ...«

»Aber wieso singen wir dann ›Ehre *sei* Gott in der Höhe‹, Konjunktiv, das riecht doch sehr nach netter Wunschvorstellung, oder nicht?« Die Harfenspielerin klang erstaunlich kratzbürstig, im Vergleich zu ihrem Instrument jedenfalls.

»Unsinn!« Gabriel wurde ungehalten. »Ich meinte damit: So soll es sein! Das bekräftigen wir! Und zwar genau in der Reihenfolge, als eine sich organisch ergebende Konsequenz: Wer Gott in der Höhe Ehre machen will, der tut das am besten, also am gottwohlgefälligsten dadurch, dass er Frieden auf Erden stiftet! Ist das denn so schwierig?!«

Die Stille, die jetzt zu hören war, wäre eine reumütige, eine zerknirschte Stille geworden. Aber kaum hatte Gabriel ausgeatmet, da wurde die Chorprobe, die ja noch gar nicht begonnen hatte, jäh unterbrochen: Der Himmel riss auf!

Dem gesamten Ensemble wurde der Boden unter den Füßen weggezogen.

Die pechschwarze Kühle einer Winternacht am östlichen Mittelmeer schlug den Sängerinnen und Sängern entgegen.

Gabriel stand tief unten zwischen dem geflochtenen Dornengestrüpp und den notdürftig gezimmerten Weidezäunen und rief dauernd »Fürchtet euch nicht! Fürchtet euch nicht! Ich verkündige euch große Freude. Fr-eu-de, kapiert?!«

Aber unter den irdischen Verhältnissen klang sein wundervoller Bariton wie ein rollender Donner von einem Horizont zum anderen. Nicht auszudenken, wie die Erde gezittert hätte, wenn der Bassist ...!

Rücksichtsvoll summte er nur leise und souljazzig. Die Harfenspielerin freute sich unbändig, eben nicht in einer römischen Krönungszeremonie aufzutreten, sondern bei einem spontanen Open-Air-Festival umsonst und draußen. Die Tenöre memorierten im Formationsflug noch schnell die Reihenfolge »Gott ehren, Frieden stiften, Gott zu Gefallen leben, gilt allen« – was sich auf die Bergrücken niedersenkte wie ein gläserner Sphärenklang. Die freche Sopranistin jubilierte so himmlische Tonkaskaden, dass alle Nachtigallen des Nahen Ostens schlagartig verstumm-ten.

Und der kirchengeschichtlich weitsichtige Chorsänger aus der dritten Reihe – der schnappte sich im Tiefflug über Bethlehem ein aufgewirbeltes Stück Papyrus und notierte:

Ehre sei Gott in der Höhe und Friede auf Erden allen Menschen seines Wohlgefallens. Euch ist heute der Heiland geboren, Christus der Herr, in der Stadt Davids. »Falls das Ganze mal jemand dokumentieren will. Ein Arzt oder Evangelist oder so«, dachte er, »man kann ja nie wissen.«

Und auf wen warten Sie?

Holst du Sabine ab?«
»Hm?«

»Holst *du* sie ab? Ich mach dann abends das Begrüßungsessen. Oder möchtest du lieber kochen?«
Roswitha kann Fragen so formulieren, dass eine Verneinung erhebliche Mehrarbeit nach sich ziehen würde. Deshalb nickt Rüdiger meist einsichtig. Also gut. Wann Sabine ankommt, die gute alte Freundin der Familie, das klebt ja seit Wochen an der Pinnwand. Einen lang erwarteten Gast pünktlich am Flughafen abzuholen ist heutzutage ein Kinderspiel. Ankunftszeit, Ankunftsterminal und Ankunftsgate stehen fahrplanmäßig fest, und ob die Maschine erst »erwartet«, bereits »im Anflug« oder schon »gelandet« ist, kann man im Internet quasi live mitverfolgen. Sollte trotzdem irgendwas schiefgehen, gibt's ja Mobiltelefone.

Pustekuchen. Als Rüdiger an diesem neblig trüben Sonntagmittag im Advent den Wagen startet, blinkt die Tankanzeige ein rotes »E«. »E« wie »Empty«, »Ende«, »Ergerlich«. Dass man Kinder über achtzehn hat, merkt man in solchen Momenten. Das Autoradio brüllt Werbejingles und Punkrock. Ein völlig unbekannter Sender. Rüdiger drückt panisch auf die Stationstasten. Ein Opernbariton schmettert »Wie soll ich dich empfangen«. Thomas Quasthoff wahrscheinlich. Oder Fischer-Dieskau. Drücken, drücken. Sekundenkurz noch André Rieu im Dreivierteltakt, dann ist endlich Ruhe.

Rüdiger überlegt. Zurück in die Wohnung und den Sohn beschimpfen? Dauert jetzt zu lange. Die Tankstelle im Nachbarort? Hat sonntags geschlossen. Am Flughafen wird es irgendwo eine geben, sicher, aber ob es bis dorthin reicht? Bis zum Abbiegeschild »Ankunft/Kurzparker« reicht das Benzin offenbar. Rüdiger hat Schweißperlen am Haaransatz, als er seinen Wagen die spiralförmige Auffahrtsrampe des Parkhauses hinauftreibt. Was, wenn er ausgerechnet hier stehen bleibt? Und die Zufahrt zu allen oberen Parkdecks blockiert?! Nerven behalten. Ganz ruhig. Ticket ziehen, Schranke durchfahren, Parkplatz merken. Rüdiger atmet tief durch. Tankstelle suchen kann er ja später. Schließlich kommt in zehn Minuten Sabine an. Aus Kairo immerhin. Von ihrer Studienreise plus Nilkreuzfahrt.

Die Drehtür zum Ankunftsterminal schubst Rüdiger in eine verwirrend andere Welt: Unzählige Grüppchen aufgeregt rufender, gestikulierender Menschen klumpen zusammen, laufen auseinander, formieren sich neu. Frauen lachen schrill auf, Männer befehligen ihre Kinder bei Fuß, mannshoch bepackte Gepäckwagen verhindern jedes Durchkommen. Gegen den Lärm hier drin war der Lieblingssender seines Sohnes im Auto ein Klacks. Alles winkt, reckt die Hälse, jemand verliest laut rufend die Informationen des Anzeigemonitors. Auf den wenigen Bistro-Stühlen einer Kaffeebar stehen klein geratene Dickerchen und schwenken Blumensträuße. Rüdiger versteht nichts. Und sieht auch kaum mehr was, weil im feuchtwarmen Dunst der Menschenmassen seine winterkalte Brille beschlägt. Da – jetzt öffnen sich die Milchglas-Schiebetüren. Hinter langsam heranrollenden Gepäckbergen tauchen weiß gekleidete Männer in Kaftanen nebst Frauen in wallenden Mänteln auf. Der diffuse Geräuschpegel bündelt sich jedes Mal zu jubelnden Schreien, sobald eine neue Welle Ankommender heraustritt. Erst jetzt bemerkt Rüdiger, dass es ausschließlich orientalisch aussehende Wartende sind, die hier stürmisch ihre Verwandten oder Freunde umarmen und küssen. Manche Ankömmlinge bekommen kleine Kuchen oder Kekse in den Mund gesteckt oder quietschbunt verpackte Begrüßungsgeschenke überreicht.

Einem türkischen Taxifahrer muss Rüdigers Verwirrung aufgefallen sein.

»Hadsch!«, ruft er ihm zu und zieht grinsend die Schultern hoch.

»Was?«

»Die kommen von der Hadsch!«

Rüdiger nickt und lächelt zurück. Pilger. Ach so. Aus Mekka, mit Umsteigen in Kairo wahrscheinlich. Jetzt stöckelt eine sehr braun gebrannte Touristin mit sehr blondierten Haaren aus dem Gate, gefolgt von einem sehr korpulenten Herrn in Shorts und Badelatschen. Rüdiger putzt seine Brille und blinzelt zum Monitor hinauf. »Fuerteventura. Arrived.« Und darunter: »MS 785 Cairo, Arr. 14.10, delayed.«

Wenn Sabines Maschine noch gar nicht da ist – aus welcher kamen dann die islamischen Pilger?

»If you want to despair, go Egypt Air«, sagt eine Dame neben ihm und schüttelt den Kopf.

»Yes, yes«, nickt Rüdiger, als hätte er ständig mit Fluglinien zu tun.

Nein, hier komme der Flug MS 785 aus Kairo nicht an, hört er nach einer halben Stunde und zwei Tassen überteuerten Kaffees. Dort, wo der Flug dann ankommen soll, sagt ihm eine freundliche Flughafenbedienstete, er komme frühestens in einer Stunde an. Und da, wohin Rüdiger nach dieser Stunde von einer Lautsprecherdurchsage hingeschickt wird, herrscht Leere. Und Stille. Gähnende Leere und beunruhigende Stille, findet Rüdiger.

Vielleicht steht Sabine längst irgendwo in einem anderen Terminal und hat ihn schon angerufen?

Rüdiger öffnet seinen Blackberry. Keine Anrufe in Abwesenheit, keine SMS.

Dafür zwei Bibelzitate und ein Kirchenliedvers auf dem Display. Das Programm, täglich eine SMS aus den »Herrnhuter Losungen« zu bekommen, dem populärsten evangelischen Andachtsbuch, hatte ihm Roswitha letztes Jahr zu Weihnachten geschenkt. »Jesaja 30,15: In Umkehr und Ruhe liegt euer Heil, im Stillehalten und Hoffen liegt eure Stärke.« Und der Vers aus dem Neuen Testament: »Lukas 21,28: Erhebet eure Häupter, denn eure Erlösung naht.«

Rüdiger muss schmunzeln. Die Stille und Ruhe ist eher beunruhigend, weil man vermuten muss, der Einzige zu sein, der hier wartet und hofft. Und vom vielen Haupterheben im Flughafen hat er schon Nackenschmerzen.

Ganz hinten, in der Tiefe der Halle, steht eine junge Familie unter einem Monitorbildschirm. Der Mann telefoniert, die Frau hat ihr kleines Kind auf dem Arm, der Buggy hinter ihnen ist leer. Beide starren nach oben. Als Rüdiger zu ihnen tritt, nähert sich auch eine ältere Dame mit Dackel an der Leine.

Sie trägt einen dunkelblauen Wintermantel mit pelzähnlichem Schal um die Schultern, darunter ein beiges Wildlederkostüm. Ihr altmodisches Medaillon über der weißen Bluse fällt Rüdiger auf. Försterwitwe, denkt er. Oder eine Frau Fürstin von und wozu. Ihr Hund beschnüffelt die Reifen des Kinderwagens. Rüdiger tritt einen Schritt zurück, um besser lesen zu können, da passiert's: Der Rauhaardackel hebt das Bein und pinkelt an den Buggy! Sein Frauchen entziffert gerade Ankunftszeiten und merkt nichts.

Jetzt schnappt das Tier nach den Fäden des Babymützchens, die vom Sitz herunterhängen und zieht die Kinderkappe vom Sitz zu sich herunter. Die Mutter dreht sich herum, will ihr Kind absetzen und schreit auf. Vom Schreck der Mutter erschrocken schreit auch das Kind, der Hund kriecht mit eingezogenem Schwanz unter den Wagen, die vornehme Dame ruft: »Pfui, Harro, aus, aus!« Der Vater sagt: »Blöde Töle!« und schaut dabei Frau Försterfürstin an. Obwohl er wohl den Hund meinte.

»Das ist eine Beleidigung, junger Mann. Das nehmen Sie sofort zurück!«

Die fesche Oma zerrt ihren Dackel unter dem Buggy hervor und schnappt nach Luft. Rüdiger würde gern schlichten, aber alles ging viel zu schnell. Das Kind brüllt sich in Stimmung, der Vater hebt die versabberte Babymütze auf und entdeckt erst jetzt die Pissepfütze am Buggyreifen. »Ich glaub's ja nicht! Ich glau-be-es-ja-nicht!!« Rüdiger bekommt Angst, der Kindsvater könnte auf das Hundefrauchen losgehen.

»Na toll! Und was setz ich jetzt dem Kind auf, wenn wir rausgehen, he?!« Die Mutter sagt das zu Rüdiger gewandt, als gehöre er dazu. Als gehöre das Hundevieh ihm. »Ich, äh … ich …«

Aber da schieben die Empörten schon entnervt von dannen.

»Es ist schwer, nicht wahr?«, beginnt die ältere Dame und nestelt an irgendwas zwischen Wildlederjacke und Wintermantel herum.

»Mit Hunden, meinen Sie?« Rüdiger starrt bereits wieder zum Monitor hinauf.

»Nein, ich meine, es ist schwer, eine freudige Erwartungshaltung aufrecht zu erhalten, wenn sich die Ankunft dermaßen verspätet. Mir ist schon die halbe Wiedersehensfreude verdorben.«

Rüdiger muss an die jubelnden Muslime denken. Och nö, müsste er jetzt sagen, das geht nicht allen so.

»Ja, es ist erstaunlich«, erwidert er stattdessen, »wie unterschiedlich man jemanden erwarten kann.«

»Nicht wahr, nicht wahr!« Die Oma fühlt sich bestätigt und erst jetzt fällt Rüdiger auf, dass sie eine einzelne kleine Rose hervorgeholt hat.

»Und auf wen warten Sie?«, fragt sie mit einem spitzbübischen Lächeln.

Man trifft sich meistens mehrmals

I.

Fast gleichzeitig entdeckten sich die beiden in der Menge. Und sofort war es jedem von ihnen unangenehm, hier gesehen zu werden. Ein erstaunlicher Menschenauflauf. Die Familie des Stallbesitzers, seine Nachbarn, ein gutes Dutzend Hirten. Deren verzückte Gesichter passten so gar nicht zu dem strengen Geruch, den sie verströmten, wenn man im Gedränge dicht neben sie geriet. »Du hier? Schau, schau.« Jo hatte sich zu Niko durchgeschlängelt. Peinliches Lächeln, eine betretene Pause. Die beiden Männer kannten sich vom Hohen Rat, einer Versammlung aus Theologen und Lokalpolitikern. Das Gremium hatte einen hochtrabenden Namen, aber politisch wenig zu sagen. Eine Art Placebo-Parlament, von den Römern geduldet. Ein Debattierklub für religiöse Traditionspflege. Trotzdem waren Niko und Jo insgeheim stolz darauf, als jüngste Mitglieder dazuzugehören. Unter den Theologen, oder »Schriftgelehrten«, wie das Volk ehrfürchtig sagte, gehörte Niko zur Fraktion der »Pharisäer«. Und Jo, der wohlhabende Lokalpolitiker, gehörte vernünftigerweise nicht zu den Romhassern. Die Römer waren Besatzer, ja sicher, aber sie waren politisch und juristisch immerhin berechenbarer als der jüdische König Herodes, der intrigante Choleriker. Heute Morgen zum Beispiel, im Hohen Rat, hatte dieser Psychopath alle zusammengetrommelt, um sich nach der Wahrscheinlichkeit der Geburt eines neuen Königs zu erkundigen.

»Verrückte Angstfantasien eines Herrschers, dessen Thron bereits bröckelt, was?«, sagte Jo jetzt zu Niko, um das beklommene Schweigen zu beenden. »Na ja«, gab Niko spöttisch zurück, »aber offenbar hat es *dir* auch keine Ruhe gelassen. Ich hab heute Morgen mit Ja gestimmt. Ja, wenn der versprochene Messias überhaupt jemals kommt und unser Glaube nicht eine einzige Vertröstungs-Arie ist, dann wird er in Bethlehem zur Welt kommen. Dann beginnt Gottes Reich des Friedens und der Gerechtigkeit heute, verstehst du, hier und heute! Wär doch blöd, wenn ausgerechnet ich, ein Pharisäer, das verpasse. Deshalb bin ich hier. Aber du?«

Jo registrierte erleichtert, dass gerade ein Schwung Neugieriger aus dem Stall herauskam und Platz machte für ihn und Niko. Die Frage war ihm peinlich. Warum war er hergekommen? Tja, warum, warum? Was sein Vermögen und den Geschäftsgang betraf, sollte bitte schön alles so bleiben, wie es war. Zumindest an seinem Wohnort Arimathia. Keine politischen Unruhen, keine religiösen Reformen und schon gar keine Revolution, bitte.

Persönlich und privat aber beunruhigten ihn drei Fragen, die man ehrlich beantworten sollte, bevor man dreißig ist: erstens: Wem will ich hundertprozentig vertrauen? Zweitens: Welche Rolle soll die Liebe in meinem Leben spielen? Und drittens: Was kommt nach dem Tod?

Glaube, Liebe, Hoffnung. In stillen Stunden und bisher hatte Jo die drei Fragen immer so beantwortet: 1. Keinem. 2. Eine große. 3. Ich weiß nicht.

Was natürlich lächerlich war.

»Ach weißt du, Niko, ein unverbindliches religiöses Interesse ist gerade mächtig angesagt. Schau mal ...« Seine Stimme klang plötzlich wie von weit her: »... zweieinhalb Jahre lang steht Hape Kerkelings Pilger-Tagebuch auf Platz 1 der Bestseller-Listen. 450.000 Menschen haben Papst Benedikts Jesus-Buch gekauft, das sie kaum verstehen; Atheist Richard Dawkins und sein Buch »Gotteswahn« kriegen acht Seiten Titelgeschichte im »stern«; Ben Becker liest in Berlin aus der Bibel vor, und die Leute zahlen Eintritt dafür; kein Schlafzimmer intellektueller Paare mehr ohne ein Buch von Anselm Grün oder vom Dalai Lama auf dem Nachttisch – es ist einfach momentan schick, sich spirituell neugierig zu zeigen!«, sagte Jo laut.

Und Niko dachte, »Huch, wer ist denn da mit der Maustaste versehentlich 2000 Jahre zu weit runtergescrollt?! Das alles kann er doch noch gar nicht wissen! Komm zu dir, Junge, zurück ins erste Jahrhundert.«

Jo sprach weiter, diesmal ohne den Hall wie von ferne: »Trotzdem ist es nach wie vor uncool, sehr persönlich zu bekennen: Erstens, ich vertraue hundertprozentig auf Gott. Zweitens, die Liebe soll die größte Rolle in meinem Leben spielen und drittens, nach dem Tod kommt Gottes Barmherzigkeit. Es ist schamhaft, von Freunden oder Arbeitskollegen am Eingang einer Kirche gesehen zu werden, und es kostet Überwindung, zu sagen: Ich will sogar dazugehören! Bald oder später werde ich mich diesem Laden anschließen! Zwischen dem postmodernen religiösen Interesse in der Öffentlichkeit und dem altmodisch verbindlichen Bekenntnis im Privaten klafft eine riesige Lücke, findest du nicht?«

Jo atmete tief durch und trat als Erster ein, Niko dicht hinter ihm.

Das Bild, das sich den beiden im Inneren des jämmerlichen Verschlages bot, wischte sämtliche Mutmaßungen innerhalb einer Sekunde vom Tisch. Was immer Niko sich für sein jüdisches Volk oder Jo sich für seine privaten Überlegungen erhofft haben mochten: Dieser Anblick widerlegte alles.

Ein junges Paar, die Frau noch von der Geburt erschöpft, der Mann von dem ganzen Durcheinander sichtlich genervt, hatte sein Neugeborenes in einen Futtertrog gelegt. Schafsgeblöke statt kaiserliche Fanfaren. Verbrauchte Luft statt Tempel-Weihrauch, Dämmerschein statt himmlisches Licht, neugierige Gaffer von nebenan statt erhabene Engel von oben, Babygeschrei statt Jubelchöre. Keine Priester, keine Eskorte, überhaupt nirgends ein Offizieller.

»Da hast du deinen Retter!«, flüsterte Jo nach hinten über die Schulter und musste sein Lachen unterdrücken. »Wenn das der Messias ist, bin ich der Lover von Kleopatra, hihihi.«

»Entschuldigen Sie die Störung«, sagte Niko sichtlich enttäuscht und deutete eine Verneigung an, »wir … äh … wir haben uns geirrt. Nichts für ungut, schön' Abend noch.« Und raus waren sie.

In der erfrischend kalten Nachtluft der Straße konnte

Jo seinem Spott freien Lauf lassen. »Du weißt doch, Niko, hm, das Körperorgan zwischen unseren Ohren heißt Gehirn, und das Körperorgan zwischen unseren Beinen heißt Gemächt, und beide arbeiten nur alternativ im Wechsel, hahahaaa!« Er hustete und rang nach Luft. »Und wenn das Gehirn abschaltet, dann entstehen schon mal kleine Babys, hoho. Hoho ...«

»Sei nicht so geschmacklos«, fauchte Niko zurück. »Die beiden werden genug Ärger mit ihrer Verwandtschaft haben!« Er nahm die Straße fest in den Blick, »anderseits ... also wenn das Reich Gottes *so* anfängt ... wo bleibt denn da der bürgerliche Anstand?«

II.

Die Lage hatte sich gefährlich zugespitzt. Ein vor Kurzem in Galiläa aufgetauchter Wanderprediger, den die schlicht Gestrickten als Geistheiler verehrten, den die politisch Unzufriedenen als Revolutionär erhofften und den die Neunmalklugen als Philosophen schätzten – dieser Rabbi aus Nazareth hatte im Tempel die Beherrschung verloren. Ja, echt, er hatte randaliert! Beleidigung der Opfertier-Verkäufer, Sachbeschädigung an den Buden der Marktbeschicker, geschäftsschädigendes Verhalten gegenüber den Geldwechselstuben und der ganzen Tourismusbranche rings um den Tempel, Verletzung religiöser Gefühle – rein strafrechtlich war da einiges zusammengekommen bei seiner Ausraste. Zumal der Täter nicht sturzbetrunken, sondern bei klarem Verstand gewesen war und dann auch noch was von ›Tempel niederreißen und in drei Tagen wieder aufbauen‹ gesagt hatte. Seltsam, seltsam. Es gab Mitglieder im Hohen Rat, die bereits seinen Kopf forderten. Niko wollte vermitteln. Aber ohne offizielles Mandat, im Alleingang und am besten diskret. Schwer genug, den aktuellen Aufenthaltsort dieses Nazareners herauszufinden.

Wegen der Dunkelheit war er sich zunächst nicht sicher – hatte er dieses Gesicht nicht schon irgendwo gesehen? Egal.

»Nur wer von Gott als Lehrer bestätigt ist, kann solche Wunder tun wie du ...«, fing er vorsichtig und freundlich an. Aber statt geschmeichelt zu sein, antwortete Jesus schroff:»Nur wer durch Gottes Geist neu geboren ist, sieht überhaupt was von Gottes Reich.«

Niko stutzte.»Nanu? Gibt es das denn schon? Wir warten seit Jahrhunderten auf eine bessere Welt und den neuen Menschen, aber die Realitäten sind nun mal so, dass ...«

»Wer nur die Realitäten sieht, ist kein wirklicher Realist.« Hatte das Jesus akustisch gesagt oder war das Niko in Gedanken eingefallen? Er versuchte sich zu konzentrieren.»Äh, ja. Apropos Wiedergeburt, ich meine, entschuldige mal, ein reifer Mensch wie ich mit meinen inzwischen über fünfzig Jahren Lebenserfahrung kommt ja nicht zum zweiten Mal als staunendes Kleinkind auf die Welt«, entgegnete er,»der Mensch ändert sich nicht und die Welt ändert sich nicht, stimmt's?«

Jesus redete weiter, als hätte er Nikos Einwand nicht gehört:»... die Geburt des neuen Menschen geschieht durch den Empfang des Heiligen Geistes und durch die Taufe im Wasser. Es ist geheimnisvoll, ja, denn der Geist weht, wo er will. Aber wenn ihr mir schon nicht glaubt, was ich von irdischen Dingen sage – wie wollt ihr mir dann vertrauen, wenn ich euch von Gottes Himmel erzähle?«

Nikos Gefühl, diese Kopfhaltung, diese Mundstellung schon mal gesehen zu haben, verstärkte sich. Wem will ich hundertprozentig vertrauen? – Diese Frage hatte ihn nie losgelassen.

»Was wir gewöhnlich als Reife an einem Menschen zu sehen bekommen«, hörte Niko in der Dunkelheit des kerzenbeleuchteten Zimmers und mit einem Hall wie von sehr weit her, »ist eine resignierte Vernünftigkeit. Man erwirbt sie sich, indem man Stück für Stück die Überzeugungen preisgibt, die einem in jugendlichen Glaubensmomenten teuer waren. Er glaubte an den Sieg der Wahrheit? Jetzt nicht mehr. Er glaubte an das Gute? Jetzt nicht mehr. Er eiferte für Gerechtigkeit? Jetzt nicht mehr. Er konnte sich begeistern? Jetzt nicht mehr. Um besser durch die Stürme des Lebens zu schiffen, hatte er sein Boot erleichtert, aber es war der Mund- und Wasservorrat, dessen er sich entledigte. Nun segelt er leichter dahin – aber als verschmachtender Mensch.«

»Wer sagt das?«, wollte Niko wissen und sah sich im Raum um. Jesus lächelte. »Albert Schweitzer, ein Missionsarzt in Gabun. Mitte des 20. Jahrhunderts wird der das sagen. Der Elsässer Pfarrer will dir damit sagen: Wirf dein Vertrauen nicht weg; hör nicht auf, zu lieben und dich lieben zu lassen, gib die Hoffnung nicht auf. Beuge dich nicht einer erwachsen scheinenden Abgeklärtheit, die in Wirklichkeit vorauseilende Resignation ist. Schau mal: Deine irdischen Augen können weder Röntgenstrahlen noch UV-Strahlen identifizieren, deine Ohren hören keine KW- und keine UMTS-Frequenzen in der Luft, und deine Fingerkuppen ertasten keine Bakterien. Trotzdem gibt es das alles! Warum also vertraust du nur deinen Sinnen und deinem Verstand? Wenn Gott dir doch die Augen öffnen möchte, *hinter* die materiellen Vorfindlichkeiten zu blicken und das unsichtbare, aber reale Reich Gottes zu erkennen?«

»Du bist mit der Maustaste 2000 Jahre zu weit nach unten gescrollt. Von Röntgenstrahlen und Handy-Funkwellen können wir noch nichts wissen«, wollte Niko sagen, ließ es aber. Denn inzwischen war ihm die zweite große Frage eingefallen:

Welche Rolle soll die Liebe in meinem Leben spielen?

Jesus ersetzte die inzwischen heruntergebrannte Kerze durch eine neue und sagte nur: »So sehr hat Gott die Welt geliebt, dass er seinen wesensgleichen Sohn für sie dahingab.«

Gottes Liebe reicht bis zur Selbstaufgabe? Niko rasselte in Gedanken blitzschnell und stumm alles herunter, was er als Pharisäer über Schuld und Vergebung, stellvertretendes Opfer, Entschädigung, Wiedergutmachung, Kompensation, Abbitte wusste. »So sehr hat Gott die Welt geliebt, dass *er* ...?«, wiederholte Niko fassungslos. Jesus nickte ernst und nahm einen Schluck aus dem Glas vor sich.

Niko wurde unruhig: »Aber manchmal fällt es uns leichter, große Opfer zu bringen, als ein Übermaß an unverdienter Liebe anzunehmen.«

Wieder nickte Jesus. Diesmal huschte ein Lächeln über sein Gesicht. Durch die Ritzen der geschlossenen Fensterläden dämmerte es hell.

»Ach, noch was: Und nach dem Tod? Worauf dürfen wir hoffen?«

»… auf dass alle, die an ihn glauben, nicht verloren gehen, sondern das ewige Leben haben«, vervollständigte Jesus seinen Satz von vorhin, »Gott sandte seinen Sohn nicht in die Welt, um zu verurteilen, sondern um zu retten.«

Niko stand auf, etwas benommen, strich seinen Kaftan glatt und trank den Rest im Weinglas. Nach einer rätselhaften Begegnung im Halbdunkel auf die Straße hinaustreten – wieso kam ihm die Szene so bekannt vor? Und … was war eigentlich aus Jo, dem reichen Arimathäer geworden? Jahrelang hatte er den nicht mehr gesehen, seit er den Hohen Rat verlassen hatte. Komisch, dass ihm der jetzt einfiel.

III.

Fast gleichzeitig entdeckten sich beide in der Menge, und sofort war es jedem von ihnen unangenehm, hier gesehen zu werden. Kein Zweifel – das musste Niko sein, dachte Jo. Na klar, der Pharisäer, mit dem er früher im Hohen Rat gesessen hatte! Wie alt er geworden war, meine Güte.

»Du hier? Schau, schau.« – Jo drängte sich energisch durch die Menge zu Niko vor. Soeben hatten die römischen Legionäre einen zum Tode verurteilten Aufrührer unter seinem Kreuz durch das Spalier der Neugierigen gepeitscht und waren Richtung Stadttor verschwunden. Eigentümlich aufgewühlt von der grausigen Faszination der öffentlichen Folter zerstreuten sich die Schaulustigen nur langsam. Jo verschwendete keine Sekunde mit Höflichkeiten, so wütend war er: »Ein widerliches Schauspiel, ekelhaft! Und ihr, ihr Pharisäer, ihr habt ihn ans Messer geliefert! Tja, was für ein unpassender Moment, sich wiederzusehen!«

Jo atmete schwer, er schwitzte. Seine Hände zitterten beim Gestikulieren. Vor Erschöpfung? Vor Wut? Niko trat einen Schritt zurück, sicherheitshalber: »Ich … ich konnte mich nicht durchsetzen im Hohen Rat. Ich war als sein Sympathisant ohnehin schon verdächtig.« Er zuckte mit den Schultern und sah zu Boden. Angriff ist die beste Verteidigung, fiel ihm ein. Er drehte den Spieß um: »Und du, Jo? Als Ratsherr von Arimathäa? Mit besten Kontakten zu Pontius Pilatus? Hast *du* denn Widerstand geleistet gegen diese widerliche Lynchjustiz?« Der sonst so besonnene Pharisäer war laut geworden.

Jo beruhigte sich, erstaunlicherweise. »Ich … ich war auch zu feige«, sagte er nur. Und dann: »Zu feige, mich öffentlich zu ihm zu bekennen. Unsere Familienklitsche von damals ist ein weltweit operierendes Unternehmen geworden. Ich hab Schiffe laufen bis nach Iberien, Gallien und Britannia, ich muss Investitionen amortisieren und meine Arbeiter in Lohn und Brot halten, verstehst du. Ich hab Verantwortung, ich konnte nicht einfach alles stehen und liegen lassen wie die paar kleinen Fischer und Handwerker, die ihm gefolgt sind.«

»Und? Und?! Wo sind die Herrschaften jetzt? Petrus, Andreas, Simon Matthäus? Wir sind kleine Schisser in kurzen Hosen, Jo. Feiglinge sind wir, alle miteinander!« Niko schämte sich. Und gleichzeitig kamen ihm Zweifel, ob das richtig sei. Sind wir auch als Kompromissler und Feiglinge geliebt?, fragte sich Niko. Als stets flexible Zyniker, die ihre Werte und ihren Idealismus über Bord gekippt hatten, um vermeintlich leichter durch die Sachzwänge des Lebens zu schippern?

»Vielleicht wird uns Gott trotzdem vergeben ... und Jesus von Nazareth wollte sterben, absichtlich!« Niko richtete sich auf und sog die staubige Straßenluft ein. »Stellvertretend, sühnend für alle Schuld aller Welt«.

»Wie kommst du denn darauf?!« Der Ärger in Jos Gesicht war echtem Erstaunen gewichen. Niko sah den alten Bekannten jetzt direkt an: »Ich hab mich vor Jahren mal mit ihm getroffen. Eine halbe Nacht lang. Trau deinen Augen nicht, hat er mir gesagt, blick dahinter. Hinter den jämmerlichen Vorfindlichkeiten gibt es den neuen Menschen, und hinter den kümmerlichen Verhältnissen entsteht Gottes Reich. Wer nur Realitäten für wahr hält, ist nicht realistisch. Es war Gottes Barmherzigkeit, dass er sich ohnmächtig als Neugeborenes im Stall von Bethlehem zeigte. Und, ob du es glaubst oder nicht, dann ist es Gottes Barmherzigkeit für uns, dass Jesus hier so elendiglich endete.«

»Du bist inzwischen überzeugt, dass wir damals das Kommen des Messias miterlebten?!« Jo streckte sich, hob den Kopf und schien seine gepflegte Eleganz wieder zu gewinnen, die Niko so lebhaft in Erinnerung geblieben war.

»Ja, Jo. Und dass wir eben ein stellvertretendes Sterben miterlebten. Einen Tod, der künftige Tieropfer im Tempel überflüssig macht. Nicht du und ich und unsere Buß-übungen oder Selbstbestrafungen – er, Jesus, macht uns vor Gott gerecht.«

Es entstand eine lange Pause.

»Ich ... ich hab meine Kontakte zu Pilatus spielen lassen«, sagte Jo, während sie nebeneinander Richtung Stadtmitte gingen. »Ich darf seinen Leichnam beerdigen und werde dafür unsere Familiengruft benutzen. Keine Ahnung, wie ich das später meiner Verwandtschaft erklären soll.«

»Na ja, vielleicht wird er dein Grab nicht allzu lange brauchen«, nuschelte Niko mehr zu sich selbst als zu seinem wiederentdeckten Freund und musste schmunzeln.

Johannesevangelium, Kapitel 19, Verse 38 bis 40:
»Josef von Arimathäa, der ein Jünger Jesu war, aber ein heimlicher aus Furcht vor den Juden, bat den Pilatus, dass er den Leib Jesus abnehmen dürfe. Pilatus erlaubte es. Aber auch Nikodemus, der bei Nacht zu Jesus gekommen war, kam dazu und brachte eine Mischung aus Myrrhe und Aloe, und die beiden banden den Leichnam samt den Salben in leinene Binden, wie es bei den Juden üblich ist, Tote zu begraben. Nahe dem Ort, wo man Jesus gekreuzigt hatte, gab es einen Garten und in dem Garten eine Gruft, dahinein nun legten sie Jesus.«

(Predigt 16. Dezember 2007)

Vorweihnachtsblitz
aus trübem Himmel

Neiiin! O Mist!« Hanne schrie auf.
»Soo ein Licht ist geil!« Luzia schrie auch.

Beide Ausrufe gellten gleichzeitig durchs Halbdunkel des Wagens. Hanne bremste hektisch. Was aber nicht mehr nötig war.

»Was war das, Mama?«

»Ein Radarblitz«, keuchte sie, »wir sind geblitzt worden, verstehst du? Sch… aber auch!«

Infolge ihrer plötzlich langsameren Fahrweise hatten sich hinter ihr etliche Autos aufgereiht, deren Scheinwerfer vom automatischen Innenspiegel gnädig abgeblendet wurden. Hanne machten sie trotzdem nervös.

»So ein Licht hab ich noch nie gesehen, Mama! Ganz hell, so dunkelrot und trotzdem hell!«

»Darum geht es nicht, mein Schatz. Ich bin von der Polizei erwischt worden. Und Papa wird bald ordentlich Strafe zahlen müssen.«

»Polizei? Da war überhaupt gar keine Polizei. Und wieso Papa?«

»Weil ihm das Auto gehört und … ja, dann überhol doch meinetwegen! Los, los, bitte sehr, Blödmann!«

Luzias Mutter tippte ärgerlich mit dem rechten Fuß kurz auf die Bremse und mit dem Zeigefinger an ihre Schläfe. Niemand hinter ihr hatte wirklich gedrängelt. Es war ihr aber so vorgekommen. Genervt scherten die Fahrer der nachfolgenden Wagen auf die linke Spur aus und röhrten vorbei. Zug um Zug blinkten ihre Lichter grell in Hannes Außenspiegel auf. Sie glaubte zu schwitzen. Fand ihren Gurt plötzlich zu eng.

Luzia schmollte. »Du sagst immer: Der Papa muss zahlen, der Papa muss zahlen. Das ist ganz gemein! Das Auto gehört nämlich uns allen!«

Hanne kniff die Lippen aufeinander und gab wieder mehr Gas.

»Ja, Luzilein. Aber es ist auf seinen Namen angemeldet und deshalb wird die Polizei *ihm* schreiben und *er* muss Strafe zahlen. Obwohl *ich* zu schnell gefahren bin.«

Dass ihre Neunjährige oft und gern Partei ergriff für den abwesenden Papa, war Hanne im Kopf durchaus verständlich. Eine Familientherapeutin hatte es ihr erklärt. Weh tat es trotzdem.

Luzia schwieg. Wagte sie nicht, weiterzufragen? Weil die Stichworte Geld und Auto erfahrungsgemäß zu Streit zwischen ihren getrennt lebenden Eltern führten? Schuldgefühle rechtzeitig abbauen, hatte die Therapeutin geraten.

Hanne fing an: »Natürlich werde ich dem Papa alles …«

Sie wurde knapp und schnell unterbrochen: »Lässt uns die Polizei jetzt nicht mehr zu Burger King fahren, Mama? Das hast du mir aber versprochen!«

Mama verdrehte die Augen. Diese egoistischen kleinen Biester!

Zwei Ausfahrten weiter leuchtete der amerikanisch weihnachtlich geschmückte Schnellfresspavillon. Drinnen roch es nach Bratfett und Desinfektionsmittel. Luzia bestellte mehr, als sie zu essen schaffte. Hanne ließ es gleichmütig zu. Die Wärme im Raum, der Geräuschpegel, das Absacken nach dem Schrecken machten sie müde. Versonnen einem Berg aus Pappkartons und Papier gegenübersitzend, dachte sie an die Höhe des Bußgeldes, die Punkte in Flensburg, den bürokratischen Schriftverkehr.

Aus den Deckenlautsprechern tropfte Bing Crosbys ölige Stimme. »I'm Dreaming of a White Christmas.«

»Das hat er für die US-Soldaten im Pazifikkrieg gesungen. 41 oder 42 glaub ich ...« Ein offenbar angetrunkener Opa setzte sich zu Hanne und Luzia an den Tisch.

»... weil Weihnachten in Pearl Harbour ja eher heiß war als weiß, hehehehe ...«

Luzia rückte ängstlich zur Seite und mampfte schneller. Hanne sah vor ihrem geistigen Auge Mündungsfeuer, explodierende Schiffe und rot blinkende Flugzeuge im Sturzflug. Als ihr Handy klingelte, meinte sie die Hafensirene von Pearl Harbour zu hören.

»Klaus hier. N'Abend, Hanne. Du, ich wollte mal fragen, ob Luzia nicht Lust hätte, morgen mit mir in eine Art musikalischen Kindergottesdienst ...«

Klaus? Klaus! Schlagartig war Hanne wieder voll da. »Gut dass du anrufst. Du, ich muss dir was sagen. Ich, äh, also, ich bin geblitzt worden. Dumm gelaufen, ja. Zwanzig oder fünfundzwanzig drüber, was weiß ich. Mit dem Van, ja. Ich ...«

Gleich würde der ermittelnde Kriminalkommissar Klaus, ihr Noch-Mann und Gegner, gewissermaßen eine alte Schirmlampe so umbiegen, dass der grelle Lichtkegel Hanne voll ins gehetzte Gesicht blendete. Und dann würde das Verhör beginnen. Wie in einem Spionagefilm.

Die Schuldige sprach schneller: »... ich zahle natürlich alles selbst. Schick mir den Formularkram und trag meine Kontonummer ein, okay? Ich bitte dich lediglich, Luzia gegenüber daraus keinen Staatsakt ...«

Klaus blieb gelassen. Verwirrend friedlich. Keine Eiseskälte in der Stimme?

Keine Häme? Hanne hielt inne. Nahm Witterung auf.

Der ungepflegte Opa am Tisch bediente sich inzwischen bei Luzias übrig gebliebenen Pommes.

»Kein Thema, Hanne. Kann passieren. Solange dein Lappen nicht futsch ist, geht's ja. Hör zu: Komm doch morgen mit, wenn du magst. Ein Weihnachtskonzert für Kinder unter dem Motto ›So ein Licht!‹ Wahrscheinlich mit Kerzen und Blockflöten und Pfarrer und allem Pipapo.«

Luzia merkte, wie sich ihre Mutter entspannte. Unaufgefordert räumte das Kind die Verpackungen zusammen, behielt dabei den fremden Tischgast im Auge und trug das Tablett zum Müllschlucker. Hanne nahm ihr Handy in die andere Hand. »Äh wie? Na schön. Und du meinst ...«

»… ich meine, wir sollten da zu dritt hingehen, ja. Natürlich nur, wenn du kannst. Ist doch bald Weihnachten, hm? Es wäre um achtzehn Uhr im Volvo-Autohaus an der Stadtautobahn.«

»Im Autohaus? Ein Kindergottesdienst?!«

»Ja, das ist ja der Gag an der Sache: Bei den Schweden ist am dreizehnten Dezember Luziafest. Irgendeine Heilige. Und hier veranstalten die Firma Volvo und die Kirchengemeinde das halt gemeinsam. Da kriegen die Mädchen so Kerzenkränze aufs Haar gesteckt. Stell dir mal unsere kleine Süße als erleuchtete Betschwester vor!« Klaus lachte ins Telefon, dass man es noch in der Geräuschkulisse eines Burger King aus dem Handy schnarren hörte.

Hanne musste lächeln. Luzia kam neugierig nähergerückt.

»Aber verrate ihr nichts, ja? Ciao, bis morgen.«

»Was hat der Papa gesagt? Ist der nicht böse wegen dem roten Radarblitz?«

Hanne hörte die Fragen gar nicht. Versenkte das Handy in ihrer Handtasche, kramte den Autoschlüssel heraus und stand auf.

»So ein Licht, mein Liebes, hab ich auch noch nie gesehen. Wirklich toll, was?«

Das wär' doch nicht nötig gewesen!

Er hatte an nichts anderes mehr denken können als an diese kleine Genugtuung.

An diesen harmlosen, aber genüsslichen Moment der Rache.

Wie überlegen *er* dabei grinsen und wie bedröppelt *sie* dann dastehen würde.

»Gib mal her. Sind da auch ja keine Schlieren drauf?«

Roswitha nimmt Rüdiger das Weinglas aus der Hand und hält es gegen das Licht. Das macht sie immer so. Mit Sekt- und Weingläsern, mit Champagnerschalen und sogar Schüsseln, sofern sie aus Glas sind.

»Gib mal her. Sind da …?«, und dann der prüfende Blick im Gegenlicht.

Sobald Rüdiger irgendwas Gläsernes auch nur anfasst, kommen der Befehl, der Griff und der Blick. So sicher wie das Amen in der Kirche.

»Gib mal her. Sind da Schlieren …?« Kurz bevor Gäste kommen, kann sie an nichts anderes mehr denken. Rüdiger könnte sich dem Tischdecken zwar verweigern und stattdessen den Salat oder die Vorsuppe zubereiten. Das wäre aber noch heikler.

»Gib mal kurz her, ich glaub' da sind noch Schlieren …«

In guten Zeiten hatte Rüdiger überlegt, ob er seinen Gästen die Getränke nur noch aus Porzellantassen, Tonkrügen und Steinguthumpen anbieten solle. Oder Tetrapaks mit Strohhalm drin auf den Tisch stellen. In schlechten Zeiten hatte Rüdiger grimmig gewünscht, dass seiner oberlehrerhaften Gattin beim Abtrocknen ein Glas zerbrechen oder beim Einschenken der Rotwein aufs Kleid kleckern möge. In noch schlechteren Zeiten hätte er gern einen schweren Bierseidel in die Glasvitrine geschleudert.

»Gib mal her, da sind womöglich Schlieren ...«

Noch zehn Minuten, dann müssten Klaus und Sabine hier sein. Zum Weihnachtsessen am vierten Advent. Nette Freunde, wirklich.

»Dass man angetrocknete Spuren abgelaufenen Spülwassers von Weingläsern abtrocknen muss, die völlig trocken sind ...«, fängt Rüdiger vorsichtig an,

»... leuchtet Männern nicht ein, ist aber so! Basta«, vervollständigt Roswitha den Einwand.

Gleich müssten Klaus und Sabine klingeln.

Roswitha hält gerade zwei Gläser gegen das Küchenfenster.

Rüdiger sieht keine Schlieren, sondern den Wagen der Freunde. Wie er draußen rückwärts einparkt. Vier Rotwein-, vier Weißwein- und vier Sektgläser ... wenn zwölf Flüssigkeitsbehälter in zwei Minuten kontrollgewischt werden müssen, bleiben noch zehn Sekunden pro Glas.

Es klingelt. Mit freudigem Hallo überreichen Klaus und Sabine ihr Mitbringsel, hängen ihre Mäntel an die Haken, loben den Duft des bevorstehenden Menüs und stehen jetzt erwartungsvoll in der Wohnküche.

»Magst du schon mal vier von den schmalen Kelchen aus der Vitrine holen, Sabine?«, ruft Roswitha von der Spüle her, während sie den Draht der Sektflasche dreht.

Peng! Das pilzförmige Korkgeschoss fliegt in die Höhe, der Sekt schäumt über den Flaschenhals.

»Du, vielen Dank, aber wir trinken doch momentan gar nichts Alkoholisches.«

»Auch keinen trockenen Roten zur Ente nachher?« Roswitha geht auf die Schrankvitrine zu, als habe sie Sabines Auskunft nicht wirklich verstanden. Sie öffnet die Glastür und holt zwei, drei Weingläser heraus.

»Nei-hein! Nix, weder Rot noch Weiß. Lass stecken, vielen Dank.«

Klaus fühlt sich zu einer Erklärung verpflichtet: »Mein Teilhaber in der Firma ist letzte Woche aus der Nasenbleiche zurückgekommen. Acht Wochen Entgiftung, weißt du, was das bedeutet? Sabine und ich haben ihm und seiner Frau versprochen, über Weihnachten und Silvester zusammen auf Alkohol zu verzichten. Mit ihnen gemeinsam sozusagen. Als, na ja, als ihre solidarischen Buddys, verstehst du? Hab ich Rüdiger doch schon alles erzählt.«

»Das hast du Rüdiger schon erzählt?!«

Roswitha schaut ihren Mann an und versteht noch nicht, warum der jetzt gluckst und dann prustet. Auf diesen Augenblick hatte er sich den ganzen Tag lang gefreut.

»Jau, meine Süße. Das wusste ich.« Rüdiger muss immer heftiger lachen.

»Hinterm Sofa stehen Cola, Saft von jeder Sorte und

Mineralwasser für eine ganze Fußballmannschaft. Ich wollte dich nicht an deinem … an deinem hahahakribischen Weingläsertrocknen hindernhihihi … Aber es war natürlich völlig sinnlos, hohoho …«

»Du Schuft! Du kleinlicher Schuft!«

Zischend lässt Roswitha die Kohlensäure aus der Wasserflasche und bittet alle, Platz zu nehmen.

Sabine spricht ein Tischgebet. Der fromme Reim klingt seltsam altmodisch: »Zwei Dinge, Herr, sind Not, die gib nach deiner Huld: Gib uns das täglich Brot, vergib uns unsre Schuld. Amen.«

»Amen!«, echot Klaus.

»So sicher wie das Amen in der Kirche!«, ergänzt Rüdiger.

»Was? Was ist so sicher wie das Amen in der Kirche?«, will Sabine wissen.

»Dass sich perfektionistische Hausfrauen mit Dingen Mühe geben, die gar nicht nötig sind.« Rüdiger grinst triumphierend.

»Und dass mein Mann und ich ab sofort auch auf Alkohol verzichten.«

Roswitha lächelt hinterlistig zurück.

»Aus Solidarität?«

»Nee, um uns das schlierenfreie Abtrocknen der Weingläser zu ersparen.«

Arme heilige Maria

Können wir uns eigentlich unvoreingenommen Maria anschauen?

Viele evangelische Christen, und erst recht evangelisch-freikirchliche, schütteln heimlich den Kopf über zweitausend Jahre Marienverehrung in der katholischen Kirche, die in Marien-Minne-Liedern an die »Regina coelestis immaculata«, die reine Himmelskönigin, gipfelte.

Die Vorstellung einer jungfräulichen Geburt Jesu macht manchen Probleme. Aber 367 n. Chr. wurde obendrein noch ihre lebenslange Jungfrauschaft zum Dogma erhoben, sodass die in Matthäus 13,55.56 namentlich genannten *vier* leiblichen Brüder Jesu und »seine Schwestern« in katholischen Bibelübersetzungen kurzerhand zu »Vettern und Cousinen« erklärt werden mussten. Obwohl Maria doch laut Bibel fünf Jungs und mindestens zwei Mädchen geboren hat! Noch 1950 erließ man den Lehrsatz von der »leiblichen Aufnahme Marias in den Himmel«, und alle Touristen, die in Ephesus an der türkischen Küste das Sterbehaus der Maria besichtigen, geraten ins Grübeln.

Maria als »Miterlöserin«, zu der man um Rettung der Seelen beten soll, macht all jenen Schwierigkeiten, die 1. Timotheus 2,5 als Glaubensbekenntnis ernst nehmen: »*Einer* ist Gott und *einer* ist der Vermittler zwischen Gott und Menschen: der Mensch Jesus Christus.« Oder Apostelgeschichte 4,12: »Auf der ganzen Welt hat Gott *keinen anderen Namen als den des Jesus Christus* bekannt gemacht, durch den wir gerettet werden können.«

Die vier großen Marienfeste im Jahr haben wir komplett vergessen: 25. März Mariä Empfängnis, 2. Juli das Fest der Begegnung von Maria und Elisabeth, 15. August Mariä Himmelfahrt, 2. Februar Mariä Lichtmess, das Fest der Darstellung Jesu im Tempel.

»Machet die Tore weit« als Motette im Advent – ja bitte.

Für sechs Stimmen sogar und meinetwegen machen wir auch die Tore weit für Lebkuchen, Christstollen, Backwerk und Fachwerk, Schneegestöber und Zuckerwatte. Aber Maria und Marienverehrung – nein danke.

»Sind wir wahrhaft evangelisch, wenn sich unsere Stellung zur Mutter Jesu im Protest gegen den Marienkult erschöpft?«, fragte Theologe Helmut Lamparter 1979, »steht dem überschwänglichen Lobpreis auf katholischer Seite nicht eine ungebührliche Geringschätzung auf evangelischer Seite gegenüber? Man tut dem Evangelium keine Ehre an und sich selbst keinen Gefallen, wenn man über Maria weithin schweigt.«

Weil das Wort Gottes keine Ideologie, keine Philosophie, keine bloße Weltanschauung, keine moralische Richtung ist, sondern eine zur-Person-gewordene Botschaft. So wirklich und nicht nur geistig, so physisch tatsächlich und nicht nur scheinbar oder gedacht *Mensch* geworden, dass wir seine sehr menschliche Mutter kennen!

Je absurder der Weihnachtsrummel Kapriolen schlägt,

umso dringlicher fragen wir doch: »Was feiern wir an Weihnachten eigentlich?«

Wir feiern an Weihnachten *eigentlich*, dass der Friede mit sich selbst, mit den Nächsten und mit Gott nicht mit dem Studieren dicker Gesetzesbücher, dem gedankenlosen Nachbeten unverständlicher Lehrsätze oder dem willenlosen Gehorchen einer Gruppe gegenüber beginnt, sondern mit dem persönlichen Kennenlernen einer Person.

Wir feiern an Weihnachten *eigentlich*, dass das viel zitierte »Seelenheil« – die Heilung meiner Seele und meiner Beziehungen im bestverstandenen Sinne – mit einer Begegnung beginnt. Der Begegnung mit Jesus nämlich.

Das *Wort* des unsichtbaren Gottes ist der leibhaftige *Mensch* Jesus Christus geworden, und das feiern wir an Weihnachten.

Ideologien und religiöse Programme haben geistige Väter. Jesus Christus hat eine leibliche Mutter. Insofern ist ein Lob der Maria immer auch ein Ausdruck von Dankbarkeit dafür, dass Gott Mensch wurde.

Und *wofür* sollen wir nun Maria loben oder bewundern?

Für einen winzigen, aber sensationellen Satz in Apostelgeschichte 1,12.14: »Darauf kehrten die Jünger vom Ölberg nach Jerusalem zurück, da gingen sie ins Obergemach des Hauses, wo sie von nun an beisammenblieben, auch die Frauen waren dabei und Maria, die Mutter Jesu sowie seine Brüder.«

Was? *Nach* Kreuzigung und Auferstehung Jesu ist Maria immer noch dabei? Auf jenem Dachboden, auf den sich die verängstigten Jünger verkrochen hatten aus Angst vor jüdischer und römischer Verfolgung, in dieser Keimzelle der allerersten christlichen Urgemeinde ist Maria dabei?

Das ist deshalb erstaunlich, weil Maria allen Grund hatte, nicht dabeizubleiben bei den Jüngern Jesu. Hartnäckiger zu zweifeln als Thomas. Enttäuschter umzukehren als die zwei Jünger auf dem Rückzug nach Emmaus.

»Nahe beim Kreuz, an dem Jesus hing, stand seine Mutter. Jesus sah seine Mutter dort stehen und einen Jünger, den er besonders liebte, und sagte zu seiner Mutter: »Frau, *er* ist jetzt dein Sohn.« Und zu dem Jünger sagte er: »Sie ist jetzt deine Mutter.« Johannes 19,25.

Weihnachten hat Maria immer unser Mitgefühl: schwanger auf der Flucht, obdachlos entbinden müssen usw. *Karfreitag* hingegen kommt Maria bei uns weit weniger vor. Aber bei der Kreuzigung hat doch nicht nur eine Gruppe von Männern ihre Hoffnung verloren, sondern unterm Kreuz hat eine Mutter ihr Kind verloren! Und auf welche Weise! In einem Schauprozess niedergemacht, als Volksverhetzer und Scharlatan beschuldigt und öffentlich hingerichtet. Man muss mal Fernsehinterviews gesehen haben mit Müttern, deren Söhne im Knast sitzen. Gespräche zum Thema Scham, Schande, den Wohnort wechseln wollen und am liebsten den Namen dazu.

Stolz sein auf ihren Sohn konnte Maria nie.

Jesus tut Wunder, eine Zuschauerin ruft in spontaner Begeisterung: »Die Frau, die *dich* geboren und aufgezogen hat, die kann stolz sein und sich freuen!« – da bürstet Jesus sie ab mit der Einschränkung: »Na ja, aber viel mehr freuen dürfen sich die, die Gottes Wort hören und danach leben.« Lukas 11,27.28.

Jesus hat enormen Zulauf. Maria kommt in einem überfüllten Haus nicht zu ihrem Sohn durch. »Rings um Jesus saßen die Menschen dicht gedrängt. Sie gaben die Nachricht an ihn weiter: Deine Mutter und deine Geschwister stehen draußen und fragen nach dir! Jesus antwortete: Wer sind meine Mutter und meine Geschwister? Er sah auf die Leute, die um ihn herum saßen und sagte: Wer tut, was Gott will – der ist mein Bruder, meine Schwester, meine Mutter!« Markus 3,32.33.

Jesus ist zu Gast auf einer Hochzeitsfeier. Als Maria in vorausschauender Vorsorge und verlässlicher Fürsorge ihrem Sohn einen diskreten Tipp geben will – »als der Weinvorrat zu Ende war, sagte seine Mutter zu ihm: »Sie haben keinen Wein mehr ...« – da kriegt sie eine Abfuhr! »Und Jesus erwiderte ihr: Frau, das ist nicht deine Sache. Meine Stunde ist noch nicht gekommen.« Johannes 2,3.4.

Jesus ist als Kind mit seinen Eltern auf dem großen Passahfest im Jerusalemer Tempel und – gerät im Menschengewühl irgendwie aus den Augen. Als Maria in völlig verständlicher Verzweiflung ihren verloren gegangenen Zwölfjährigen sucht, gibt der ihr altkluge Antworten:

»Warum habt ihr mich gesucht? Wusstet ihr nicht, dass ich im Hause meines Vaters sein muss? Und Maria und Josef verstanden nicht, was er damit meinte.« Lukas 2,49.

Arme heilige Maria.

Das sind Texte, die das anheimelnd vorweihnachtliche

Idyll der Mutter-Maria-mit-dem-Christkinde stören, weil sie von Zurückweisung, verletzten Gefühlen, Abnabelung und Unverfügbarkeit reden. Aber alle zurückgewiesenen Frauen und Männer, alle verletzten alten und jungen Menschen, alle von Abnabelung gequälten Eltern und alle Eheleute, die unter der Unverfügbarkeit ihres Partners leiden – wir alle kommen eben drin vor! In diesem lebendigen, lebensklugen und menschenkenntnisreichen Buch namens Bibel. Wir kommen alle drin vor, mit unseren schmerzlichen Erfahrungen und Beziehungskonflikten in Partner- und Elternschaft, in Familie und Erziehung. Es kommt aber noch dicker:

»Das jüdische Laubhüttenfest stand bevor, da sagten die Brüder Jesu zu ihm: Wenn jemand bekannt werden möchte, versteckt er sich nicht. Wenn du schon solche Taten vollbringst, dann sorge auch dafür, dass alle Welt davon erfährt! Denn nicht einmal seine Brüder glaubten an ihn. Jesus sagte zu ihnen: Euch kann die Welt nicht hassen, aber mich hasst sie, weil ich als Zeuge gegen sie aussage, dass ihr Tun böse ist. Zieht doch *ihr* zu diesem Fest hinauf nach Jerusalem! Ich gehe nicht hinauf, weil meine Zeit noch nicht da ist. Und er blieb in Galiläa.« Johannes 7,2-6.

Eine Verführung zur Mutprobe, oder? »Lauf deinen Verfolgern in die Arme, dann werden wir ja sehen, was passiert«, sagen Marias andere vier Söhne. Der Jakob, der Josef, Judas und Simon.

»Wieder strömte eine so große Menschenmenge zusammen, dass Jesus und seine Jünger nicht einmal zum Essen kamen. Als seine Angehörigen das erfuhren, machten sie sich auf den Weg, um ihn mit Gewalt wegzuholen, denn sie sagten sich: Er muss verrückt geworden sein!« Markus 3,20.21.

Da fragen wir uns doch: Dachten nur seine leiblichen Brüder so oder alle Angehörigen, Maria inklusive?

Die Antwort gibt Jesus selbst: »Jesus kam in seine Heimatstadt Nazareth und lehrte dort in der Synagoge, und die Leute waren sehr verwundert: Woher hat er diese Weisheit? Ist er nicht der Sohn des Zimmermanns, ist nicht Maria seine Mutter? Kennen wir nicht seine Brüder, leben nicht alle seine Schwestern hier? Woher hat er dann das alles? Darum wollten sie nichts von ihm wissen. Aber Jesus sagte zu ihnen: Ein Prophet gilt nirgends so wenig wie in seinem Heimatland und in seiner Familie.« Matthäus 13,54-57.

Es gibt eine Denkmöglichkeit, die allen Marienvergoldern peinlich sein müsste, und die versteckt das Neue Testament offenbar nicht: dass Maria vom Auftrag Jesu, von seiner Sendung, von seiner Göttlichkeit, von der Tatsache, dass *er* der verheißene Messias, der Retter und Erlöser sein könnte – durchaus *nicht* immer überzeugt war. Die Bibel verschweigt nicht, dass Maria Zweifel hatte.

Acht Tage nach der Geburt hatte ihr das ein alter Mann im Tempel, der greise Simeon, schon vorausgesagt: »Diesem Jesus wird widersprochen werden, und es wird ein Schwert durch deine Seele dringen.« – Lukas 2,35.

Aber dass die Spaltung so schmerzhaft sein würde? Trotz der Engelerscheinung, trotz der Geburtserlebnisse, trotz der Lobgesänge und Glückwünsche von Engeln,

Hirten und Weisen in Bethlehem gehört Maria im Laufe der folgenden dreißig Jahre zu jener Familie, von der Jesus sagt: »Bei denen gelte ich nichts.«

Arme, heilige Maria.

Aber vielleicht verstehen Sie jetzt, warum ich es sensationell nannte, dass Maria *nach* Kreuzigung und Auferstehung in der ersten Urgemeinde dabei ist. Jetzt fragen wir uns doch: Was hat sie schlussendlich überzeugt? Und warum gilt sie seit zweitausend Jahren als »Vorbild des Glaubens«?

Wenn katholische Christen im Rosenkranz-Ave-Maria beten: »Gegrüßest seist du Maria, du Begnadete, der Herr ist mit dir«, ist das kein Irrtum, denn: Als unmittelbar nach der Geburt Jesu plötzlich Hirten im Stall stehen und erzählen, dass in diesem Kind der Friede Gottes zu allen Menschen gekommen sei, da heißt es: »Maria aber bewahrte all das Gehörte in ihrem Herzen.« Lukas 2,19.

Und was hatte Jesus in seiner berühmten Bergpredigt gesagt? »Selig sind, zu beglückwünschen sind diejenigen, die das Wort Gottes *hören und bewahren*.« Lukas 11,28.

Bewahren heißt »aufheben«, »konservieren«, »speichern«, »behalten« – alles nicht sehr attraktive Begriffe. Festhalten an Dingen, die man zwar mal erlebt, aber damals eigentlich nicht verstanden hat, gilt nicht gerade als intelligent. Im Falle des Urvertrauens zu Gott aber, im Falle einer ersten, unmittelbaren Begegnung mit dem Wort Gottes – wie wir es als Kinder oder Jugendliche vielleicht gehört haben – jedoch kann das sehr sinnvoll und gut sein:

Jetzt, dreißig Jahre später, als nach Zurückweisungen und Verletzungen, nach Familienärger und Glaubenszweifeln plötzlich Frauen vom Grab kommen und sagen: »Jesus ist auferstanden! Er lebt! Gott hat ihn tatsächlich als Messias, als Retter bestätigt und autorisiert. Jetzt erst wissen wir es genau: Er ist wahrhaftig Gottes Sohn!« – da erinnert sich Maria. Erinnert sich an das, was der Engel zu ihr sagte, als sie noch eine unverheiratete junge Frau war. An das, was die Hirten sagten, als sie eben geboren hatte. An das, was die Weisen sagten, als sie zum Gratulieren kamen.

Maria *entdeckt* ihren Glauben *wieder*, weil sie ihn bewahrt hatte. Sie kann auf geistliche Erlebnisse, auf persönliche Begegnungen mit Gott, auf tiefe persönliche Erfahrungen aus ihrer Jugend zurückgreifen, die jahrzehntelang etwas unter die Räder des Alltags gekommen waren. Verschütt-gegangen, aber nie verschwunden.

»Es ist verrückt«, sagte die Pfarrerstochter und RAF-Terroristin Gudrun Ensslin im Gefängnis Stuttgart-Stammheim zu ihrer Schwester, »das Einzige, was dir in der Isolationshaft noch auswendig einfällt, sind die ollen Bibelsprüche. Der Herr ist mein Hirte und so was.«

Weihnachten ist bei aller berechtigten Kritik an Kitsch und künstlicher Rührung doch u. a. *auch* unser Versuch, zu den Quellen eines kindlichen Urvertrauens zurückzukehren. Die Sehnsucht, noch einmal so unmittelbar, so naiv, aber auch so echt Gott reden zu hören und handeln zu sehen, wie ein Kind, das hört und sieht – diese Sehnsucht meldet sich an Weihnachten am stärksten zu Wort.

Ja, Maria *ist* ein Vorbild im Glauben und tatsächlich zu bewundern. Nicht, *obwohl* sie in manchen Jahren ihres Lebens Schwierigkeiten mit Jesus hatte. Nicht, *obwohl* sie den Zweifel und das quälende »einerseits/andrerseits« wie ein Schwert in der Seele spürte. Sondern gerade *weil.* Weil sie das alles durchlebt und durchlitten hat und wir sie zu jedermanns Erstaunen nach Ostern in der ersten Gemeinde der Christen antreffen.

Zurückgewiesen und verletzt, unverstanden und nicht verstehend, von psychischer Abnabelung und schließlich physischem Verlust verstört und verzweifelt, hat Maria dennoch die Zusagen Gottes *bewahrt* und ist in ihrem Vertrauen schließlich bestätigt worden.

(Predigt Weihnachten 2002)

Engel verpasst

Rüdigers »Navi« war kaputt. Oder die CD in seinem Navi, wie auch immer. Jedenfalls sagte »Ute« nichts mehr. So hatten seine Kinder die weibliche Stimme des Lotsenprogramms mal genannt. »Die Ute wirkt berechnend« – auch so ein Hörfehler seiner Frau Roswitha.

Die Wegbeschreibung zum »Haus Talblick« war per E-Mail-Anhang gekommen.

Hatte erst beim Downloaden lange gedauert und dann beim Ausdrucken zehn Minuten den Drucker blockiert. Schneller wäre es gegangen, wenn man sie per Fax bekommen oder aus einem Briefumschlag gezogen hätte. Aber das traute sich Rüdiger nicht mehr zu sagen, seit sein Dekan in einem Nebensatz so getan hatte, als besäßen alle Pfarrer ein Navigationssystem im Dienstwagen. Als könnte heutzutage jedermann auf so was Altmodisches wie »Anfahrtskizzen« verzichten.

Drei DIN-A4-Seiten winziger Kartografie lagen auf dem Beifahrersitz, als Rüdiger an diesem regenverhangenen Dezembermorgen mit gemischten Gefühlen losfuhr.

Welches Bürokratenhirn legt eine Pfarrertagung in den ohnehin terminüberlasteten Advent, dachte Rüdiger. Die jährliche Fortbildung war eine Pflichtveranstaltung und zwang alle lieben Kollegen des Bezirks, eineinhalb Tage und eine Nacht miteinander auszuharren. Einerseits.

Andrerseits konnte man, von Ehefrau und Kindern unbehelligt, Mittagsschlaf halten und während der Vorträge heimlich Beerdigungsreden und Morgenandachten im Laptop vorbereiten. Oder, im diesjährigen Fall, Adventsandachten und Weihnachtsfeiern. Wenn man sich etwas abseits setzte. Weil das viele taten, würden die Plätze in unmittelbarer Nähe des Dekans und des Gastreferenten auch dieses Jahr wieder von den Bildungshubern mit Doktortitel, den Wichtigtuern mit Handy am Ohr und den Kollegen aus Sonderpfarrämtern besetzt werden. Sollten sie doch. Die notorischen Gruppenkasper solcher Tagungen und die zwei, drei Querulanten, die kurz vor einer Kaffeepause immer hochkomplexe, provozierende Fragen stellten – alle sah Rüdiger im Geiste schon vor sich.

Sah aber durch den Regenschleier offenbar nicht das Ortsschild und die abknickende Vorfahrt. Denn plötzlich holperte er in einer Tempo-30-Zone über das Kopfsteinpflaster einer Altstadtgasse. Putzige Fachwerkhäuser rechts und links, kleine Kneipen und die unvermeidlichen Schleckers, Kamps und Fielmanns. Innenstadt? Wieso?

Aus einem dieser Bistros, die bei trockenem Wetter ihre Tische auf den Bürgersteig stellen und einen Hauch von italienischer Trattoria imitieren, trat ein Mann in olivgrünem Trenchcoat. Hinter sich einen mittelgroßen schwarzen Koffertrolley, an dessen ausgefahrenen Griffstangen eine Aktentasche befestigt war. Er schlug den Kragen hoch, klappte einen Schirm auf und – ging auffällig gelassen die Straße hinunter. Obwohl sein Gepäck hinter ihm nass wurde.

Die erste aus dem Internet gedruckte Seite auf Rüdigers Beifahrersitz zeigte das Bundesland, in dem er sich befand. Die zweite eine Kleinstadt mit Fluss und Berg, von deren weiträumiger Umgehungsstraße man südöstlich hätte abbiegen sollen. Das dritte Blatt war ein Stadtplan, dessen Straßen schwarz rausgekommen waren. Farbdrucker müsste man haben.

Hinter Rüdigers VW-Passat hupte es.

»Entschuldigen Sie?«, brüllte er durch die geöffnete Seitenscheibe der Beifahrertür eine junge Frau an. In der rechten Armbeuge hielt sie ein Kind, am hoch erhobenen linken Arm einen Schirm.

»Haus Talblick?«

»Kenn ich nicht. Müsste aber irgendwo oben liegen, wenn es Tal-Blick heißt, oder?«

Eine bestechende Logik, zweifellos. Mehrmals deutete die Mutter mit dem Schirm nach links oben. Ihr Kind wurde dabei jedes Mal kurz nass und begann zu quengeln.

»Danke sehr!«

Rüdiger fuhr im Schritttempo weiter und suchte Einheimische. Er überholte den Mantelmann mit dem Koffer, aber das war ja sicher ein Geschäftsreisender und kein Ortskundiger. Da es eher die Angehörigen südländischer Ethnien sind, die für eine Kommunikation auf Straßen und Plätzen zur Verfügung stehen, verstanden die nächsten zwei Befragten kein Deutsch. Eine Frau mit Kopftuch anzusprechen verbot die Kenntnis muslimischer Sitten.

Ein Mädchen, das dem nasskalten Winterwetter mindestens fünfzehn Zentimeter nackte Nierengegend darbot, nickte heftig, als Rüdiger rief. Blieb aber nicht stehen und reagierte auch nicht auf seine Frage, sondern nickte weiter. Rhythmisch, wie Rüdiger jetzt feststellte. Kleine Kopfhörer hielten ihre Ohren besetzt.

»Sagen Sie, das Haus Talblick ...?«
Es dauerte, bis der ältere Herr im Regencape geortet hatte, von woher die Stimme gekommen war. Gerade wollte er eine Apotheke betreten. Nun beugte er sich hilfsbereit ins Wagenfenster. Von seiner Kapuze tropfte es auf den Beifahrersitz.

»Sie fahren über die ..., über die, wie viele sind's denn ...«
Er streckte den Daumen senkrecht, spreizte den Zeigefinger, den Mittelfinger, den Ringfinger, zählte pantomimisch bis vier und sagte »... also über die zweite Ampel geradeaus!«

Rüdiger stutzte. Sollte er glauben, was er sah, oder dem vertrauen, was er hörte?

»Dann in einer scharfen Rechtskehre ...« Der Regencape-Rentner deutete einen weiten Linksbogen an. Rüdiger fand ihn inzwischen witzig.

»Immer bergauf, immer bergauf, bis Sie ...«

»Kommt die Kehre nach der zweiten Ampel? Oder nach der vierten?«, unterbrach ihn Rüdiger. Sicherheitshalber. Wegen der vier Zähl-Finger.

Der Opa überhörte den Einwand.

»... bis Sie schon von Weitem das Hinweisschild sehen:

Hotel und Restaurant Talbach! Mit Terrassencafé. Sehr gepflegt übrigens.«

Rüdiger stöhnte auf und kurbelte das Fenster hoch.

Den Mann müsste man bei Paartherapeuten und Eheberatern auftreten lassen, dachte er. Als Fallbeispiel, wie die Körpersprache den Worten widerspricht.

Als Vorführexemplar, wie schlecht mancher zuhört. Und von vornherein nur das hört, was er schon kennt. Hotel Talbach, sehr gepflegt, pah!

Gerne hätte Rüdiger in Ruhe noch einmal die Wegbeschreibung studiert, aber die war vom Regenwasser nicht leserlicher geworden. Außerdem stand er im absoluten Halteverbot. Ein Muskelmann in schwarzem Leder hätte vielleicht Auskunft geben können, führte jedoch einen Hund an der Leine. Ohrenbetäubendes Kläffen übertönte jedes Wort, kaum dass Rüdiger die Scheibe geöffnet hatte.

Die Einkaufsstraße verlor sich jetzt zwischen kleinen Industriebetrieben, Wohnblocks, Tankstellen und Autohäusern. Im Vorbeifahren meinte Rüdiger, den Businesstypen mit Trolley und Schirm an einer Bushaltestelle gesehen zu haben. Egal. Er parkte in zweiter Reihe und schaltete die Warnblinkanlage ein. Stieg aus, sprang über die Bordsteinkante und eine Parkplatz-Reservierungskette, umrundete zwei alte Fahrräder und bückte sich vor das Fenster eines Zeitungskiosks. »Haus Talblick, wo?«

Kein Wort zu viel bei BILD-Lesern, dachte Rüdiger.

»Drittletzte Straße rechts hoch!«

Zackig tönte es aus dem Dunkel der Schnaps- und

Tabakhöhle zurück. Durchnässt und dankbar wieder hinter dem Steuer, fiel ihm erst jetzt auf, dass er bis zur letzten Straße würde fahren müssen, um herauszufinden, welches die drittletzte war.

Wütend gab Rüdiger Gas. Schoss über vier Ampeln geradeaus, ließ wahre Gischtkaskaden zügig durchfahrener Pfützen hinter sich und – erschrak zu Tode, als ihn am Ortsausgang ein rotes Blitzlicht blendete.

»Sch…!« Auch Männer Gottes, würdige Vertreter der Kirche, bedienen sich bisweilen jenes Wortes, das unsere deutsche Sprache für solche Momente bereithält. Momente, in denen wir den Staatshaushalt sanieren helfen, ganz freiwillig und über das steuerpflichtige Maß hinaus.

Da, wo Rüdiger die drittletzte Straße vermutete, rechts abbog und in Serpentinen die Weinberge hinaufstürmte, hätte er um ein Haar einen Fußgänger übersehen. Sein olivgrüner Trenchcoat hatte ihn gegen das regengraue Dunkelgrün der Böschungspflanzen beinahe unsichtbar gemacht. Erschrocken drückte sich der Mann in die nassen Büsche und Bäume und rief ein Wort, von dem Rüdiger annahm, dass er es kannte.

Da war Rüdiger aber schon vorbei. Sah nur noch im rechten Außenspiegel, wie die traurige Gestalt mit seinem Schirm winkte und sich nach den Schuhen bückte. Matschvoll und klatschnass, vermutete Rüdiger. Noch bevor ihn sein christliches Gewissen mahnen konnte, den hilflosen Wanderer doch mitzunehmen, erschien links ein weißer Wegweiser:

»Haus Talblick 700 Meter«! Na bitte. Na endlich. Wer sagt's denn.

Die Tagung »Wer zeigt uns den Weg? Weihnachts-botschaft und Postmoderne« begann wie immer und alle Tagungen mit dem Begrüßungskaffee. Rüdiger bezog lieber sein Zimmer, meldete Roswitha daheim telefonisch seine wohlbehaltene Ankunft und reservierte sich vorsorglich einen etwas abseitigen Tischplatz im Konferenzraum. Zum Nebenbei-was-Schaffen …

Als er, spät genug, die Cafeteria des Tagungszentrums betrat und nur noch lauwarmen Restkaffee aus fast leeren Kannen vorfand, kam ein schneidiger Mittvierziger in blauem Hemd mit weißem Kragen, Krawattennadel und goldenen Manschettenknöpfen auf ihn zu. Ein bemerkenswerter Kontrast zu den strickjackenumhüllten Sandalenträgern aus den Pfarramtsstuben, dachte Rüdiger noch, da stockte ihm schon der Atem. Das war doch … aber ja, der Gang, die Stimme … Das war der verirrte Fußgänger vom Straßenrand! Rüdiger wurde rot. Der Mann lächelte verschmitzt, stellte sich als Gastreferent dieser Tagung vor und – kramte ein Gerät aus seinem Jackett, das auf den ersten Blick aussah wie ein altes Handy mit gestutzter Antenne. »Kennen Sie so was? Ein GPS für Wanderer. Speichert rund fünfhundert Wegpunkte und zehntausend Tracks. Hätten Sie mich nach dem Weg gefragt oder …«, er räusperte sich und lächelte noch eine Spur lustiger, »als Anhalter mitgenommen – ich hätte Sie gerne zum Haus Talblick gelotst!«

Sti-hi-lle Nacht

Man müsste es mal bei fünfunddreißig Grad Wärme und neunzig Prozent Luftfeuchtigkeit unter Palmen gehört haben. Aus dem Munde fülliger kleiner Polynesierkinder auf einer Pazifikinsel. Der schmalzige Aufwärtsschlenker am Ende der zweitletzten Zeile – »Schla-haf in himmlischer Ru-huuu« –, der ähnelt den Hula-Melodien der Hawaiianer, finden Sie nicht?

Hawaii? Nein, Salzburger Land. Das am weitesten verbreitete und meistgesungene Weihnachtslied der Welt entfaltet erst bei verschneitem Voralpenpanorama sein volles Aroma: Am Nachmittag des Heiligen Abends 1818 stellt Franz Xaver Gruber, Organist der Pfarrkirche von Sankt Nikola in Oberndorf, mit Schrecken fest, dass das Orgelpositiv nicht bespielbar ist. Der kleine technische Schaden ist die Folge eines großen politischen: Im »Wiener Frieden« von 1815 war der beiderseits des Flüsschens Salzach gelegene Ort Laufen geteilt worden – in das bayerische Laufen und das österreichische Oberndorf. Weil die zentrale Kirche der Gemeinde nunmehr auf der bayerischen, also der falschen, Scitc stand, versammelte man sich fürs Erste in der baufälligen Sankt Nikola. Und da können schon mal Tasten und Register klemmen.

Eine Gitarre muss her und – ein Weihnachtslied, das man zur Klampfe singen kann. Wie glücklich schätzt sich Gruber, als ihm »Pfarr-Koadjutor« Joseph Mohr, der Hilfspriester, ein vierstrophiges Gedicht namens »Stille Nacht« überreicht, das er seit zwei Jahren in der Schublade hat. Gruber vertont es sofort für zwei Solostimmen und Chor, die Zeit drängt. Mohr singt Tenor, Gruber singt Bass, und alle sind gerührt. Denn das »traute« (also nicht verheiratete), »hochheilige« (trotzdem eben) »Paar« und ihr »holder Knabe im lockigen Haar« rehabilitiert auch ein bisschen den Textdichter:

Joseph Mohr, nicht ehelich gezeugt von einem desertierten Musketier, geboren als eins von vier weiteren nicht ehelichen Kindern der Anna Schoiberin, als Taufpate den Salzburger Henker Joseph Wohlmuth zur Seite, trat 1811 ins Priesterseminar ein und 1815 seine erste Pfarrstelle an. Leider nur kurz. Seit August 1817 dient er als Priester in Oberndorf, da wirft ihm sein vorgesetzter Pfarrer »Gasthausbesuche und Scherze mit Personen des anderen Geschlechts« vor. Und, noch schlimmer, »das Singen oft nicht erbaulicher Lieder«!

Joseph Mohr zieht im September 1819 weiter. An auffällig viele kurzzeitige Dienstorte. Wenigstens ein erbauliches Lied hat er aber gesungen. Das beweisen die bis heute auf guten Straßenkarten eingezeichnete »Stille-Nacht-Kapelle« in Oberndorf und insgesamt acht(!) »Stille-Nacht«-Museen an Mohrs diversen Wirkungsstätten.

Hat dann also erst der Komponist Franz Xaver Gruber »Stille Nacht« berühmt gemacht? Obwohl evangelische Kirchengesangbücher ihn lange Zeit schamhaft verschwiegen (»Melodie: aus Tirol«), weil er doch so ein katholischer Chor-Regent in Hallein bei Salzburg wurde, so ein katholischer? Nein.

Im Frühjahr 1819 repariert der Zillertaler Orgelbauer Carl Mauracher das gebrechliche Orgelpositiv in Oberndorf, nimmt ein handgeschriebenes Notenblatt der »Stillen Nacht« mit und gibt es den Familien Rainer in Fügen und Strasser in Laimach. Diese beiden Gesangstruppen müssen so etwas wie die Vorläufer der Trapp-Familie gewesen sein, jedenfalls wird »Stille Nacht« der Konzert-Hit der Strasser-Truppe Weihnachten 1832 in Leipzig und der konzertante Höhepunkt der »Rainer Singers« am Heiligen Abend 1839 in New York.

Vom kunstvollen Gesangssatz auf amerikanischen Bühnen zum leicht lernbaren Lied in deutschen Gemeinden wird »Stille Nacht« erst, als Johann Heinrich Wichern es 1844 im Verlag seines »Rauen Hauses« in Hamburg drucken und massenhaft verbreiten lässt. Der Rest ist Geschichte:

»Stille Nacht« ist das meistgesungene Weihnachtslied der Welt. Nicht das meistverkaufte: Das ist mit 35 Millionen Schallplatten und CDs »White Christmas« von Bing Crosby. Er sang es für die US-Marinesoldaten, die seit dem Desaster von Pearl Harbour am 7. Dezember 1941 von einer »weißen Weihnacht« träumten. Statt einer heißen.

Womit wir wieder auf Hawaii wären: »Schlaf in himmlischer Ru-huu ...«

Gesucht: die Heilige Familie

L iebe Damen im Saal: Kennen Sie einen Mann, dem für jeden Verwandten auf Anhieb ein passendes Geschenk einfällt? Und der es dann – egal, ob sperrige Küchenmaschine, Spielzeug oder Elektrogerät – auch noch liebevoll und stilvoll in edles Knisterpapier verpacken kann, mit glitzernden Bändern, gefalteten Rosen, aufgeklebtem Sternenstaub, Weihnachtsmännchen oder -bäumchen und angehängtem Grußkärtlein?

Also, ich kann das nicht. Schon völlig normalformatige Bücher oder CDs, wenn ich sie selber verpacke, sehen hinterher aus, als hätte ein Hund damit gespielt.

Liebe Herren im Raum: Wie kommt es eigentlich, dass Frauen selbst jenen Leuten das Richtige schenken, die sie nur mäßig gut kennen – während *wir* selbst jenen das Falsche schenken, die wir von Herzen lieben?

Der Erwartungsdruck steigt. Denn an Weihnachten wollen alle allen gerecht werden. Auch mit Zeit und Zuwendung: »Am Erstfeiertag besuchen wir meine Eltern, am Zweitfeiertag deine, am 27. die Familie meiner Schwester und am 28. die Familie deines Bruders. So war es immer und basta!«

Der Erwartungsdruck an uns geht von uns selbst aus, oder? *Wir* wollen eine blitzsaubere Wohnung, geschmackvoll dekoriertes Interieur, gekonnt zubereitetes Festessen und eine entspannt-fröhliche Atmosphäre. Kurz: Der Druck wächst, eine »heile«, eine vorzeigbare Familie zu sein. Wenigstens für die Zeit ab dem dritten Advent.

Druck erzeugt Stress, Stress erzeugt Krach, und dann sind sie da: die unheilvolle Unruhe in der Magengegend, das unterdrückte Heulen wie ein Kloß im Hals, das Schuldgefühl zwischen Anspruch und Wirklichkeit.

Selten im Jahr klaffen Familien-Ideal und Familien-Realität so weit auseinander wie im Advent und an Weihnachten.

Woher der Anspruch kommt, ist klar: »Alles schläft, einsam wacht nur das traute, hochheilige Paar« … Weihnachtslieder und Weihnachtsbilder haben uns jahrhundertelang das vergoldete Idyll der Heiligen Familie – Maria, Josef und das Jesuskind – eingebrannt.

»Martin Luther im Kreise seiner Lieben, am Christabend« – so nannte Kupferstecher Carl August Schwerdgeburth 1843 ein berühmtes Bild, das prägend wurde für die wohlgeordnete Familienhierarchie des deutschen evangelischen Pfarrhauses und hundertfünfzig Jahre lang vorbildlich blieb als bürgerliches Ideal.

Und schließlich speist sich unser Anspruch auch aus der eigenen Sehnsucht. Könnten nicht wenigstens einmal im Jahr Kinder brav, Mütter unbesorgt entspannt und Ehemänner arbeitsfrei, aber innerlich anwesend sein?

Woher die davon krass unterschiedene Wirklichkeit kommt, ist auch klar: Weil wir fehlerhafte Menschen sind, mit nur begrenzter Kraft. Unsere Nerven, unser Gemüt, die Konzentration und die Aufmerksamkeit sind nicht unbegrenzt dehnbar. Wir sind verletzlich und verletzend, anspruchsvoll, aber träge, ehrgeizig und neidisch – alles zugleich.

214.000 Scheidungen pro Jahr schädigen 428.000 Männer und Frauen plus rund 135.000 betroffene Scheidungskinder. Addieren Sie die Zahl der noch nicht gerichtsnotierten Trennungen pro Jahr dazu: Ein bis zwei Millionen empfindlich herzenswunder Menschen laufen da über die putzigen Weihnachtsmärkte.

Und in den sogenannten Patchwork- oder Fortsetzungsfamilien müssen an Weihnachten die beim Expartner lebenden Kinder, die vom derzeitigen Partner mitgebrachten Kinder, die gemeinsamen Kinder, alle Halb- und Stiefgeschwister sowie die ehemaligen und aktuellen Schwager und Schwägerinnen, Excousins und -cousinen, Alt-Nichten und Neu-Neffen, Großeltern und Schwiegereltern beschenkt und bedacht und besucht und berücksichtigt werden – eine Logistik wie für einen preußischen Feldzug.

Und obendrauf noch der fromme Erwartungsdruck!? Bibelverse wie das Gebot der Eltern-Achtung oder die Ermahnungen an alte und junge Männer und Frauen aus dem Titusbrief – verschlimmern die nicht noch den Stress? Indem sie über alle vorhandenen Klischees und Ideale noch ein christlich moralisches obenauf packen?

Nein. Das Evangelium, die Gute Nachricht von Gottes Liebe und Barmherzigkeit, ist keine Droh-, sondern eine Froh-Botschaft. Die Botschaft der Bibel entlastet und befreit uns. Auch und gerade, wenn wir in eine seelische Gletscherspalte zwischen Anspruch und Wirklichkeit geschlittert sind. Warum?

1. Fast alle Familiengeschichten der Bibel sind Konfliktgeschichten.

Schon Adam und Eva hatten an ihren Söhnen Kain und Abel keine rechte Freude.

Die Söhne des Noah entdecken ihren Vater sturzbetrunken und splitternackt im Zelt liegend.

Abraham schwängert außer seiner Frau Sarah auch die Magd Hagar. Es kommt zu so heftigen Eifersuchtsszenen zwischen den zwei Frauen, dass Hagar mit ihrem Kind aus dem Haus und auf eine lebensgefährliche Flucht in die Wüste gejagt wird.

Jakob täuscht seinen halb blinden Vater Isaak so raffiniert, dass dieser seinen erstgeborenen Sohn Esau irrtümlich enterbt.

Erbschleicher Jakob flieht an den Hof seines Onkels Laban. Und der täuscht wiederum *ihn* so geschickt, dass Jakob eine Frau heiraten muss, die er nicht liebt und er obendrein vierzehn Jahre lang als Ein-Euro-Jobber arbeitet.

Streber Josef wird von seinen älteren Brüdern aus Neid in eine Wüsten-Zisterne geworfen. Die hätten also »den Tod des Jungen billigend in Kauf genommen«, so formuliert das der Staatsanwalt.

Die Mutter des Moses muss ihr Neugeborenes in einem Schilfkorb den Fluten des Nil anvertrauen, damit ihr Sohn als Findelkind adoptiert wird.

Prinz Absalom ist ein charakterlich derartiges Miststück, dass sein Vater David eines Tages vor ihm aus dem Königspalast fliehen muss.

Und?

Das ist ja nun noch keine besonders frohe Botschaft, wenn ich Ihnen sage: Manche biblischen Familien waren noch schlimmer als Ihre!

Nein, Gott interveniert. Gott greift ein, tritt dazwischen, spricht und handelt zugunsten der Übervorteilten und Benachteiligten jedes Dramas. Gott rettet, repariert, ermahnt und vergibt, kurz: Gott segnet diese unheilen Familien. »Segnen« kommt von »signare«, unterzeichnen. Gott unterschreibt nicht alles, was Menschen so verzapfen. Aber er schreibt auf krummen Linien gerade. Und das bedeutet: Zügig oder langfristig, offenkundig oder versteckt schält sich das Gute, das Lebensförderliche, die Versöhnung, manchmal sogar handfestes Glück für die Betroffenen heraus. »Heilig« waren diese biblischen Familien nicht im Sinne einer idealtypischen Hochherzigkeit oder charakterlichen Vorbildlichkeit, sondern einzig und allein darin, dass Gott sie nicht fallen ließ. Dass er die Barmherzigen bestärkte und dass er selbst barmherzig, dass er gnädig mit ihnen war.

Mörder Kain wird Städtegründer und Kulturstifter, Kampftrinker Noah baut die Arche und rettet Mensch und Tier. Abraham reift zu einem viel zitierten »Vater des Glaubens« heran. Die verstoßene Hagar und ihr Sohn werden gerettet. Jakob versöhnt sich mit seinem Bruder Esau und trennt sich gütlich von Onkel Laban.

Adoptivkind und Mörder Moses wird *der* Befreier und Gesetzgeber des Volkes Israel. Josef vergibt seinen schurkischen Brüdern und sichert ihr Überleben in Zeiten der Not. David trauert herzzerreißend um Absalom und bekommt in Salomo einen würdigen Thronnachfolger.

Es wird übrigens viel geweint in den Konflikt- und Versöhnungsgeschichten biblischer Familien.

Wenn Sie sentimental werden können beim Klang altvertrauter Weihnachtslieder, dann sind Sie heute eingeladen, auch etwas tiefschichtiger ein weiches Herz zu bekommen: barmherzig zu werden. Mit den anderen und mit sich selbst.

Das Evangelium entlastet und befreit uns vom Erwartungsdruck eines Heilige-Familie-Klischees, denn:

2. *Die Bibel ist fair im Generationenkonflikt.*

Die typische Kleinfamilie aus Vater-Mutter-Kind ist eine durch Industrialisierung und Wohlstand möglich gewordene Lebensform. Sie ist keine gottgegebene Schöpfungsordnung. Die Bibel – bis hinein ins Neue Testament – meint mit »Familie« oder »Haus« eine Groß-Sippe von zehn bis dreißig Personen, die zusammen oder in unmittelbarer Nähe lebten, weil das wirtschaftliche und soziale Überleben gar nicht anders möglich war.

Niemand musste immer allen alles sein, weil die Lasten auf viele Schultern verteilt wurden. Und sagen Sie jetzt nicht: »Jaja, in vorindustriellen Gesellschaften, in Afrika zum Beispiel, da mag das noch klappen.«

Seit unser Wohlstand abnimmt und die Armut zunimmt, seit die Lebenshaltungskosten steigen und die Löhne sinken, seit die Firmengewinne sprunghaft ansteigen, die Arbeitslosenzahlen aber trotzdem auch, seit die deutschen Chefetagen den Kleinkrieg gegen ihre Belegschaften eröffnet haben, seit man für einen mittelständischen Lebensstil immer häufiger zwei Gehälter braucht – für Fulltime-Jobs von Vater und Mutter nämlich – seitdem rücken auch bei uns die Sippen wieder zusammen!

Demografen und Soziologen reiben sich die Augen: Es gab noch nie so viele Drei-Generationen-Familien wie heute! Ob unter einem Dach oder lokal vernetzt lebend: Die alten Eltern leben länger, die berufstätige mittlere Generation ist zeitlich und finanziell viel stärker belastet, die Kinder haben längere Ausbildungswege und schlechtere Berufschancen, demzufolge heiraten sie immer später, ihre Ehen sind fragil, mit zeitweiliger Rückkehr eines erwachsenen Kindes ins Elternhaus muss jederzeit gerechnet werden – es gibt zahlreiche Gründe für das Ende der deutschen Kleinfamilie im Stil der Sechziger. Na und? Ist doch okay so, könnten wir sagen.

Nicht ganz: Damit verlagert sich nämlich der Generationenkonflikt in die Lebensmitte. Nicht so sehr die Teenager sind grottenunzufrieden mit ihren Eltern, sondern die mittlere Generation ist unzufrieden mit ihren Kindern. Und manchmal auch mit ihren alten Eltern. Nicht so sehr die Pubertierenden fühlen sich eingeengt und unterdrückt, sondern Väter und Mütter in der Lebensmitte leiden unter den Sachzwängen, unter der routinierten Enge, unter dem Druck des Unabänderlichen.

Wird das »Hotel Mama« nämlich sowohl von langjährig nesthockenden erwachsenen Kindern bevölkert als auch von achtzigjährigen womöglich pflegebedürftigen Großeltern – dann leben die berufstätigen Fünfundvierzig- bis Sechzigjährigen dazwischen, dann lebt das mittlere Lebensalter in einer absoluten Gefahrenzone. Jetzt bloß nicht aufgeben! Jetzt bloß nicht krank werden! Sich bloß nicht von steigenden Energie- und Lebensmittelkosten das sauer Ersparte abschmelzen lassen! Jetzt bloß nicht arbeitslos werden! Der Druck steigt.

Genau an diese hoch gefährdete mittlere Generation wendet sich das vierte Gebot, meine Damen und Herren. Und es ist das erste, das eine Verheißung hat, das eine positive Konsequenz verspricht: »Ehre Vater und Mutter, *damit* es *dir* gut gehe und *du* lange lebest im Land.« Warum steht das da?

Opa ist achtzig, ihm zittern die Hände. Und weil er bei Tisch jeden Löffel Suppe zur Hälfte verschüttet und beim Kauen mit seinem schlecht sitzenden Gebiss klappert, wird's dem Vater – Mitte, Ende vierzig – irgendwann zu unappetitlich. Er bittet den Opa, doch alleine auf seinem Zimmer zu essen. Erst recht, wenn Gäste da sind. Eines Tages sieht der Vater seinen kleinen Sohn – acht Jahre –, wie er mit einem Schnitzmesser ein Stück Holz bearbeitet. »Na mein Junge, was wird das denn Schönes?«

»Ich schnitz dir einen eigenen Trog, Papa, damit du später auch mal alleine auf deinem Zimmer daraus essen kannst!«

»Ehre Vater und Mutter«, rät uns das vierte Gebot, »denn deine Kinder beobachten dich bereits! Und sie haben die bisweilen unangenehme Angewohnheit, uns alles nachzumachen!«

Und am schnellsten lernen die Blagen ja immer das, was sie nicht lernen müssten … Also sei dir ganz sicher: Sie werden dich morgen so behandeln, wie du deine Eltern heute behandelst. Neutestamentlich-seelsorglich gesprochen: »Liebe deinen Nächsten, denn du wirst wie er.« Ein Greis, eine Greisin nämlich.

Im Übrigen ist die Bibel nicht einseitig. Einmal heißt es: »Ehre Vater und Mutter« und dreimal: »Ihr Eltern, reizt eure Kinder nicht zum Zorn. Macht sie euch nicht zu Feinden. Behandelt sie gefälligst gerecht.«

Das vierte Gebot legitimiert nicht den bräsig patriarchalischen Pascha und drillt keine duckmäuserischen Kinder, es macht auch keine Tochter zur schweigend leidenden Dulderin. Sondern, Titusbrief, Kapitel 2: Ältere Männer und ältere Frauen sollen und können ein »Segen« für die nachwachsende Generation werden.

In den Weihnachtsgeschichten der Evangelien sind gesegnetes, versöhntes Altsein und gesegnetes, behütetes Jungsein in einer einzigen wunderbaren Szene zusammengefasst: Der greise Simeon im Tempel segnet das acht Tage alte Baby der Maria und sagt: »Nun kann ich in Frieden sterben, denn meine Augen haben Gottes Heil gesehen. Er hat den Messias, den Retter, er hat den Christus in die Welt gebracht.«

Dieses Bild – der greise Simeon und das Jesuskind – stand übrigens noch feucht auf der Staffelei, als der holländische Maler Rembrandt van Rijn am 4. Oktober 1669 starb. Es war sein letztes Gemälde. – »Nun kann ich in Frieden sterben ...«

Das Evangelium entlastet und befreit uns vom Erwartungsdruck eines »Heilige-Familie-Ideals«, denn:

3. Die Bibel definiert »heile Familie« nicht bürgerlich, sondern geistlich.

Der gesellschaftliche Erwartungsdruck auf Josef aus Nazareth war völlig eindeutig: »Deine Verlobte hat dich betrogen. Du bist ein gehörnter Mann. Die wollte dir ein Kuckucksei ins Nest schieben, ja von wegen! Also zeig, dass du ein Kerl bist, und mach Schluss mit ihr. Je dramatischer und öffentlicher du das tust, umso weniger Verdacht fällt auf dich selbst.«

Denn: Auch der familiäre Druck auf Josef ist unerträglich. Vorehelicher Geschlechtsverkehr ist im mosaischen Gesetz zunächst mal kein sexualethisches, sondern ein besitzethisches Vergehen. Weil der Vater des Mädchens um den Brautpreis betrogen wird. Und der Brautpreis, das ist seine Alterssicherung: Hat einer Söhne, werden die für ihn sorgen. Hat einer Töchter, sollen die künftigen Schwiegersöhne für seine Rente sorgen. Hat aber bereits ein möglicherweise Zahlungsunwilliger mit der Tochter geschlafen – vorehelich eben –, ist diese Rente futsch.

Maria ist unverheiratet schwanger – und das Verhältnis ihrer Eltern zu Josef ist im Eimer. »Es ist zum Davonlaufen«, denkt Josef verzweifelt.

Warum brachte Gott die armen jungen Leute in derartige Gewissensnöte?

Ich weiß es nicht. Vermute aber: Schon Zeugung und Geburt des Jesus von Nazareth sollen allen ungelegen gekommenen Kindern signalisieren: Du bist von Gott gewollt.

Sie und ich, meine Damen und Herren, wir sind Gottes Wunschkinder. »Heilig« in dem Sinne, dass wir zu ihm gehören. »Hagios« – »besitzmarkiert« heißt das im Griechischen. Unser altdeutscher Begriff »Hag« für ein eingezäuntes Gartenstück kommt daher. Wir sind Gottes Wunschkinder und »heilig«, weil er uns angenommen hat und seinen Segen langfristig und bisweilen versteckt auch in unfertigen und zerbrechenden Familien verwirklichen wird. Mit Kind und Kegel.

Dieser umgangssprachliche Ausdruck wiederum kommt aus der Unsitte, dass bis zum 19. Jahrhundert die Namen nicht ehelicher Kinder auf dem Kopf stehend ins Taufregister eingetragen wurden. Der Pfarrer drehte einfach das Kirchenbuch rum und notierte. Bei kurzen Vor- und langen Nachnamen sah das aus wie ein auf der Spitze stehender Kegel unter lauter Pyramiden.

»Heilige Familie«?

Jesus verlässt erst mit dreißig das Elternhaus, hatte laut Matthäus 13, Verse 55 und 56, vier leibliche Brüder und mindestens zwei Schwestern, die tauchen in den Evangelienberichten aber nur als Kritiker seiner Mission auf, wenn sie ihn nicht sogar für verrückt hielten. Einmal weist Jesus seine Mutter zurück, als sie ihn besorgt nach Hause holen will, und sagt jenen berühmten Satz, der die geistliche Bindung, die spirituelle Verbundenheit, die Seelenverwandtschaft *über* die Blutsverwandtschaft stellt: »Wer Gottes Willen tut, *der* ist mein Bruder, meine Schwester, meine Mutter.« Markus 3,35.

Damit hebt er den Wert und die Verbindlichkeit der leiblichen Familie nicht auf, nimmt ihr aber den Absolutheitsanspruch. Indem Jesus die geistliche, die spirituelle, die seelische Verbundenheit *über* die Blutsverwandtschaft stellt, entmachtet er alle Familien-Ideologie. Nimmt ihr die absolut zwingende, manchmal geradezu faschistoide Wirkung. Und wenn Sie jetzt nicht wissen, was das sein könnte: faschistoide Familienbindung, dann fragen Sie mal türkische Teenagermädchen.

»Wer Gottes Willen tut, ist mir Bruder, Schwester, Mutter«, sagt Jesus. – Was ist denn der Wille Gottes, den wir tun sollen?

Barmherzig sein, wie er mit uns und unseren Familien barmherzig ist.

Martin Luther, aufgewachsen unter einem jähzornig prügelnden Vater, heiratet mit zweiundvierzig Jahren still und heimlich im kleinen Kreis von nur vier geladenen Hochzeitsgästen eine aus dem Kloster entlaufene Nonne namens Katharina von Bora. Protestantisches Ehe-Ideal? Nichts da.

»Ich bin weder verliebt noch in Leidenschaft entbrannt, aber ich schätze und ehre sie, wie ja auch Frau Käthe sich meiner angenommen hat«, sagte Martin im Juni 1525. Heiliges deutschbürgerliches Familien-Idyll à la Schwerdgeburth-Gemälde von 1843? »Christabend bei Luthers«?

Von wegen.

Aber: »Wir haben uns einander angenommen.« Weil sich Gott unser angenommen hat.

Zwischen Anspruch und Wirklichkeit, zwischen sehnsuchtsvollem Familien-Ideal und erlittener Familien-Realität gibt es eine Brücke aus Gnade und Barmherzigkeit.

Für Jungverliebte und für Eheleute, für Eltern heranwachsender Kinder und für erwachsene Kinder sehr alt gewordener Eltern scheinen mir die folgenden Zeilen von Manfred Hausmann tröstlich zu sein:

Wenn wir uns nicht mehr haben
und uns sehnen,
dann ist's, als hätten wir uns endlich ganz.
Doch wenn wir nahe sind
und uns geborgen wähnen,
verdunkelt sich die Lust, verblasst der Glanz.

Die Ferne ist es nicht und nicht die Nähe.
Ach, immer lebt das Innigste allein.
Lass uns, wie gut, wie schlimm es um uns stehe,
lass uns barmherzig miteinander sein.

Amen.

(Predigt vierter Advent 2004 – Epheser 6,1-4; Titus 2,1-7; Matthäus 1,18-21)

Die halbwegs heiligen drei Königinnen

Wunderbar. Einfach wun-der-wun-der-bar!«
Lisa umklammerte ihre Teetasse, als müsse sie sich dran wärmen. Draußen, hinter dem Dachgaubenfenster, flammte ein winterliches Spätnachmittagsrot über den Himmel. Unten auf der Straße war der Verkehrslärm beinahe verstummt. Lisa atmete aus. Geschafft!

Sie hatte erreicht, was wochenlang unmöglich schien: Heiligabend nichts zu machen. Aber auch gar nichts. Ihr zehnjähriger Junge wollte lieber bei seinem Vater sein und erst morgen zurückkommen, ihre Eltern sangen heute mit der Kantorei in mindestens drei Christmetten, ihre Exschwiegereltern waren auf Kreuzfahrt, Bruder und Schwägerin schmollten wegen irgendwas. Und so wurde ihr Traum wahr: Am 24. Dezember unbesucht und unbehelligt, unfrisiert und ungeschminkt ... für sich sein zu dürfen!

Lisa mochte das Wort »allein« nicht. Alleinlebend, alleinstehend, alleinerziehend – selten fühlte sie sich einsam. Und wenn, dann brauchte sie kein Mitleid dafür. Erst recht nicht an Heiligabend.

Singles werden gefragt, ob ihnen, »besonders jetzt so«, nicht eine Familie fehle.

Fragte Lisa die Familien etwa, was ihnen alles fehlte?!

In den vergangenen Wochen hatte sie deshalb am Telefon wortakrobatisch um Verständnis gebeten, dass sie »gar nichts« machen würde. Vielleicht Grußkarten schreiben, fernsehen, Tagebuch nachtragen, in der Badewanne einen Roman lesen und dann Zehennägel lackieren. Zu nichts genötigt und zu nichts verpflichtet sein. Die Stille genießen. Zur Ruhe kommen. Nachdenken.

Die Lachslasagne sei jetzt fertig, piepte der Elektrobackofen. Kater Mohrchen sprang maunzend vom Sofa und strich bettelnd um Lisas Beine.

Rrring. Hatte es geklingelt?

Sie knipste mit der Fernbedienung den Fernseher aus. Ein Zeichentrickbild, wie die Heiligen Drei Könige gerade unter einem riesigen Kometen am Himmel umständlich von ihren Kamelen steigen, schmolz zu einem Lichtpunkt im Schwarz der Mattscheibe zusammen.

Rrring, rrring. Tatsächlich. Aus der Sprechanlage quäkte eine vertraute Stimme: »Überraschung! Ich bin's. Die liebe Simone.«

Lisa musste schmunzeln und drückte den Türöffner. Ihre beste Freundin rauschte temperamentvoll zur Wohnungstür herein, eine Chanelwolke hinter sich her, drückte ihr einen Christrosenstrauß in Folie vor die Brust und lachte: »Hier versteckst du dich also! Um alles allein zu verputzen, was? Aber nicht mit mir, meine Teure. Rate mal, wo wir nachher hingehen!«

Der Backofen piepte zum zweiten Mal. Mohrchen hatte sich beleidigt hinters Sofa verzogen.

»Simone, ich …«

»In die Mitternachtsmesse, jawoll! Und weißt du, wer am Eingang auf uns wartet?«

Lisa nahm zwei Topflappen, bückte sich nach der Lasagne und balancierte das Backblech auf den Esstisch. »Simone, ich brauche keine religiösen Geschmacksverstärker. Ich wollte heute einfach mal …«

»Mia! Unsere gute alte Mia, extra aus Berlin eingeschwebt! Und als wir heute Nachmittag über dich sprachen, da …« Simone pellte sich nun aus ihrem Mantel. Lisa merkte erst jetzt, dass die Christrosen eine Vase brauchten.

»… da meinte sie plötzlich: Lass uns zu dritt das Christkind besuchen!« Glockenhelles Gelächter brach aus Simone heraus, als hätte sie einen Witz erzählt.

Lisa schüttelte kauend den Kopf. »Das ist alles ganz lieb von euch, aber ich brauch kein Jesulein und kein Gesülze, ich freu mich auch so an …«

Simone wurde plötzlich ernst und leise: »Okay, aber vielleicht braucht Gott es, dass du ihn mal besuchst?«

Jetzt musste Lisa prusten. »Gott braucht gar nichts. Nicht mal Gebete oder Lieder. – Frascati zum Fisch?« Sie stand auf, um einen Korkenzieher zu suchen.

Draußen, hinter dem Dachgaubenfenster, funkelte der Abendstern im Nachtblau.

»Mmh … das, dasmh schtimmt wohl«, meinte Simone mit vollem Mund, »aber weißt du, was unsere verehrte Mia dir darauf antworten würde? Na und, würde sie sagen! Gott braucht's vielleicht nicht, aber er will es. Wenn er Mensch wurde, kann er doch auch menschliche Gefühle haben. Und sich freuen zum Beispiel. Und wenn man ihn aufsucht …«

»… dann sollte man immer Gold, Weihrauch und

Myrrhe dabeihaben!«, unterbrach Lisa sie. Ihr schallendes Gelächter schlug den ungnädigen Kater vollends in die Flucht.

Kurz vor Mitternacht, nach einem ruhigen und lustigen Heiligabend, betraten sie tatsächlich zu dritt die festlich beleuchtete Kirche. Und fühlten sich wie drei Königinnen. Lisa, Mia und Simone hörten wunderbare Geschichten von Elisabeth, Maria und Simeon. Von Menschen, die in der Nähe des menschgewordenen Gottes einfach froh geworden waren.

Scherben an Dreikönig

Zum ersten Mal tat sie das nicht. Nein, wie immer nach Festtagen oder Partys übernahm es gewohnheitsmäßig Roswitha, das Altglas zu entsorgen. Seit Weihnachten und Silvester war da ein ganzer Kofferraum voll leerer Flaschen zusammengekommen. Dieses Zerplatzen, dieses helle, aggressiv-erschrockene Knallen hörte sie gerne. Patsch! Und dann: Klirr, rumpel! Und die nächste: Peng! Je schwerer, desto lauter: Rrrumsdiklatschping! Altglascontainer bieten ein völlig ungefährliches Soundvergnügen. Im Vergleich zu Kriegen oder Polterabenden. Das Spundloch fasst gerade mal eine Magnumflasche. Die Gummilasche in dieser Öffnung schwingt sofort schützend zurück, wenn ein Objekt hindurch ist.

Deutschland ist das einzige Land der Welt, in dem auch Mülleimer Öffnungszeiten haben. »Werktags und samstags von 9.00 bis 13.00 und 15.00 bis 18.00 Uhr«, las Roswitha auf einer der mannshoch glockenförmigen Stahlhauben. Im Halbdunkel entzifferte sie das, denn es war jetzt kurz nach 18.00 Uhr. Und es war 6. Januar. Dreikönig. Feiertag.

Roswitha ist eine tatkräftige Frau. Auch spaßige Tätigkeiten zelebriert sie nicht lang, sie bringt sie hinter sich. Ihr Wagen stand – der gesamte Straßenabschnitt links und rechts der Entsorgungsbehälter ist als absolutes Halteverbot ausgewiesen, das entspricht deutscher Beamtenlogik – ihr Wagen also stand direkt neben den Glascontainern. Die Fahrertür und der Kofferraumdeckel offen, das Radio an. Soeben dröhnte der FDP-Vorsitzende aus den Boxen. Eine Liveübertragung des sogenannten »Dreikönigstreffens« seiner Partei in Stuttgart. Der Sound zerschellender Flaschen passte gut zu dem, was er sagte, fand Roswitha. Nonverbal kommentierend, könnte man meinen: Patschzzzingg!! Rabummssseng!!

Eben weil sie nun aber eine Frau ist, die eine Aufgabe bereits mit Blick auf die nächstfolgende erledigt, behielt sie den Autoschlüssel wie immer in der Hand. Weil sie ja gleich wieder einsteigen und weiterfahren wollte. Eine Marotte, sicher. Eine dumme Angewohnheit. Aber wenn der kleine Finger und der Ringfinger ihrer rechten Hand den Schlüsselbund umkrallen, dann bleibt für Daumen, Zeige- und Mittelfinger immer noch genügend Spielraum, um zum Beispiel ein leeres Gurkenglas zu halten.

Die letzte Flasche. Schwupp und wuppdich, hinein! Als das klirrende Zerplatzen zusammen mit einem ungewohnten Rasseln erklang, schoss Roswitha das Blut ins Gesicht: ihr Schlüsselbund? Sie hatte Auto- und Wohnungsschlüssel in den Glascontainer geschmissen?! »Nein. Nein!!« Roswitha meinte, ihr müsse schlecht werden vor Schreck.

Was tun? Mit ausgestrecktem Arm ins Spundloch? Zu hoch. Und wenn sie einen Hocker oder Stuhl hätte und von oben tief hinein die Glasscherben durchwühlen könnte? Zu gefährlich. Außerdem chancenlos. Ihren Mann anrufen? Der war seit gestern mit Kollegen Skifahren.

Den Hausverwalter anrufen! Gute Idee. Der besaß den Generalschlüssel zu allen Wohnungen im Haus. Aber, hm, ein knarziger Griesgram, dessen Klatschsucht dafür sorgen würde, dass Roswithas Missgeschick wochenlang Gesprächsthema blieb.

Neben dem Wort »Grünglas« stand der Name der Recyclingfirma. Noch während sich Roswitha, vornübergebeugt, die klitzekleine Telefonnummer der sogenannten »Hotline« notierte und dabei an neunundneunzig Cent pro Minute dachte, an endlose Musikschleifen und piepsige Callcenter-Girlies ohne einen Schimmer, blieb ihr beim Blick nach unten das Herz ein zweites Mal stehen: Rechts und links neben ihr auf dem Asphalt hatten Turnschuhpaare Aufstellung genommen. Eine Kinderbande! Eine Jugendgang! Roswitha fuhr herum, ihr Puls raste.

»Entschuldigen Sie, mein Make-up juckt«, sagte ein etwa zehn- bis zwölfjähriger Junge mit geschwärztem Gesicht. Er trug einen Turban mit Troddeln dran und grinste verlegen. Ach so, nur die Sternsinger! Roswitha atmete aus und streckte sich. »Hätten Sie ein Taschentuch in Ihrem Auto?« Er deutete auf den offenen Wagen, aus dem noch immer der FDP-Chef schwadronierte. Die anderen zwei heiligen Könige und ihr erwachsener Begleiter wandten sich zum Weitergehen. Der goldene Pappstern auf einem Besenstiel deutete bereits die Straße hinunter. »Äh … ja, natürlich. Hier, bitte.«

Erst als das putzige Grüppchen mit dem großen Stern in der Dunkelheit verschwunden war, kam ihr der rettende Gedanke. »Moment mal … hallo … Sternsinger?« Sie lief den Kindern hinterher.

»Wollen Sie was spenden?« Der junge, große, der un-
verkleidete Mann ließ seine Truppe anhalten und hielt
Roswitha die Spendenbüchse hin.

»Nein. Ich meine, äh, doch. Später. Wenn ihr bei mir
zu Hause singt. Da wart ihr doch noch nicht, oder?«

Als die Sternsinger Roswithas Nachbarn herausgeklin-
gelt und sich die meisten von ihnen im Treppenhaus
versammelt hatten, fragte niemand, wie Roswitha he-
reingekommen sei. »Wir kommen, geführt von Gottes
Hand« – der helle Gesang der kleinen Sternträgerin, das
taschentuchverschmierte Gesichtsbraun des Mohren mit
dem Turban und das Lächeln des halbwüchsigen Balthasar
mit angeklebtem Bart trieben selbst dem knarzigen Hausverwalter vor seiner offenen Wohnungstür die Tränen in
die Augen.

»Hedwig, haben wir noch was Süßes da?«, rief er nach
hinten. Als die Gerufene in den Tiefen des Raums verbor-
gen blieb und er deshalb selber nachschauen ging, nutzte
Roswitha die Gunst des Augenblicks: »Und den Generalschlüssel bitte, ja? Ich hab' meinen Wohnungsschlüssel in
die ...«

Sie brauchte nichts zu erklären. Sie musste nichts er-
finden. Im Gewühl und Gefühl allgemeiner Wohltätig-
keit huschte Roswitha nach oben, schloss auf, sicherte
ihre offene Wohnungstür mit der Fußmatte, rannte wieder parterre herunter, gab den Hausverwalterschlüssel
an Hausverwaltergattin Hedwig zurück und steckte den
Sternsingern einen Zehneuroschein in die Sammelbüchse.
Geschafft! Kein Gerede. Kein Gegrinse.

Doch! Der Begleiter der Sternsingerkinder schmunzelte verschwörerisch. »Ihre Spende geht ans päpstliche Missionswerk, okay?« Der junge Mann schrieb mit Kreide von außen was an den Türsturz. Roswitha verstand nicht. »Davon gehe ich aus, ja. Wieso fragen Sie?«

»Keine zehn Euro ans Ordnungsamt?« Jetzt grinste er breit, »ich mache nämlich gerade meine Ausbildung bei der Verkehrspolizei. Ihr Wagen vorhin, bei den Glascontainern, der steht im absoluten Halteverbot ...« Die Kreide quietschte auf dem Metallrahmen.

»C + M + B«, las der Jungpolizist vor, als zitiere er einen Verkehrsparagrafen, »Christus mansionem benedicat, Christus segne dieses Haus ...«

»... und alle, die da gehen ein und aus!«, antwortete Roswitha und dachte beruhigt an die Ersatzschlüssel in ihrer offenen Wohnung oben.

Sterne sind mir schnuppe

»Weißt du, wie viel Sternlein stehen
an dem blauen Himmelszelt?
Weißt du, wie viel Wolken gehen
weithin über alle Welt?
Gott, der Herr, hat sie gezählet,
dass ihm auch nicht eines fehlet
an der ganzen großen Zahl,
an der ganzen großen Zahl.«

Liebe Gemeinde, liebe Gäste, ich gebe zu (und bekenne mich schuldig im Sinne der Anklage aufgeklärter Pädagogik): Auch ich habe das mit meinen zwei Töchtern gesungen. Als sie noch klein waren. Abends am Bett. Dieses sentimentale Lied von Wilhelm Hey, der von 1789 bis 1854 lebte und deshalb nicht wissen konnte, dass Gott, dem Herrn, inzwischen durchaus etliche Sternlein fehlen – weil sie halt erloschen sind im Laufe der Jahrmillionen. Oder erkaltet, zerbröselt, implodiert, was weiß denn ich. Macht aber eigentlich nix, weil ihr Licht ja noch immer bei uns ankommt.

Ich gebe ferner zu (und bin mir der Schwere dieser Tat bewusst): Ich würde das Lied mit künftigen Enkeln glatt noch mal singen! Der Kehrvers der letzten Strophe –

»Gott im Himmel sorgt für alle / danket ihm mit frohem Schalle / kennt auch dich und hat dich lieb / kennt auch dich und hat dich lieb« – ist poetisch holprig und theologisch undifferenziert, aber wenigstens nicht falsch … was man von vielen Aussagen moderner Astrologie nicht sagen kann. Doch dazu später mehr.

Des Weiteren gestehe ich (und bitte diesen Umstand als strafmildernd zu berücksichtigen, liebe Pädagogen der weltanschaulich neutralen, politisch korrekten Früherziehung): Beide Töchter, inzwischen erwachsen, haben dieses Lied zwar als etwas melancholisch, aber im Großen und Ganzen doch anheimelnd, wohltuend und beruhigend in Erinnerung. Die Zusicherung, dass »nicht eines fehlet an der großen Zahl« sei ihrem kindlichen Bedürfnis nach Zusammengehörigkeit und Ganzheit der Familie entgegengekommen, sagen sie heute. Das Gefühl, »alle sind da und beisammen«, habe sich selbst dann eingestellt, wenn nur die Melodie aus einer aufziehbaren Spieluhr klimperte.

Weiß ich, wie viel Sternlein stehen? Nein. Ich weiß aber, dass viele Erwachsene voll auf Sterne stehen. Weil sie glauben, dass was *in* den Sternlein steht. Also für sie selbst. Oder über sie.

Ich dagegen glaube: Die Sterne lügen nicht – sie schweigen!

Darf ich das kurz erläutern: Archäologische Funde beweisen, dass schon die Akkader, Sumerer und Babylonier etwa 2300 vor Christus den (vermeintlichen) Umlauf der Sonne um die Erde innerhalb eines Jahres in zwölf Abschnitte à dreißig Grad einteilen konnten.

Das war zwar ungenau, denn in Wirklichkeit durchläuft die Sonnen-Ekliptik noch einen schmalen dreizehnten Abschnitt, aber sei's drum. Die religiöse Verehrung der Sonne als Lebensspenderin – denken Sie an die Himmelsscheibe von Nebra, ägyptische Wandmalereien oder die Steine von Stonehenge – wollen wir den Kollegen von damals nicht vorwerfen. Die quasireligiöse Verehrung der Sternbilder den Kollegen von heute schon. »Sternbilder«? Es gibt keine.

Sie werden konstruiert, indem man auffällig helle Punkte am nächtlichen Himmel mit gedachten Linien verbindet. Tatsächlich haben die Sterne eines Sternbilds nichts miteinander zu tun. Die Punkte, die vom Betrachter z. B. als »Sternbild des Löwen« zusammengefügt werden, liegen zwischen 43 und 1.630 Lichtjahre auseinander. Und ein Lichtjahr, liebe Miles-and-More-Vielflieger, entspricht etwa neuneinhalb Billionen Kilometern ... Die »Fix«-Punkte eines von uns imaginierten Sternbilds sind durchaus nicht fix: Der »Große Wagen« könnte in ein paar Millionen Jahren auch als »zertretene Zigarettenschachtel« durchgehen. Trotzdem waren diese gedachten Figuren für Seefahrer und Karawanenführer natürlich eine sinnvolle Navigationshilfe. Obwohl sie jahreszeitlich »wandern«; die Sternbilder, meine ich.

Das wiederum erfordert eine Mordsrechnerei, also war es einfacher, die zwölf Abschnitte des jährlichen Sonnenumlaufs willkürlich nach zwölf Tieren aus der babylonischen, später griechischen Mythologie zu bezeichnen und per definitionem zu sagen: Die Sonne steht gerade im Tierkreiszeichen Soundso. Was vor rund zweitausend

Jahren sogar identisch war mit dem Sternbild, vor dem die Sonne gerade stand! Nur: Heute halt nicht mehr. Alle Maßstäbe haben sich verschoben ... und das liegt nicht an den Achtundsechzigern:

Weil die Erde im Laufe von rund 25.800 Jahren eine geneigte Kreiselbewegung um sich selbst macht (der »Präzessionseffekt der Erdachse«) und ein Jahr gar nicht exakt 365-mal 24 Stunden lang ist, steht die Sonne *heutzutage* nicht etwa vom 23. September bis 23. Oktober im Zeichen der »Waage«, sondern vom 29. Oktober bis zum 20. November.

Meine Damen und Herren, wenn Sie Ihr Geburtsdatum, das Tierkreiszeichen und das Sternbild, in dem Sie (angeblich) geboren sind, mit den Charakterbeschreibungen verbinden, die in der astrologischen Literatur genannt werden – dann dürfen Sie jetzt in eine gesegnete Identitätskrise stürzen. Skorpion ist nämlich Waage, Löwe ist Krebs, Zwilling ist Stier, Widder ist Fische usw. Und wenn Sie auf der Südhalbkugel der Welt geboren wurden, ist auch alles anders, als man es Ihnen zuschreibt: Unsere Tierkreiszeichen, Sternbilder und »Häuser« wurden historisch ausnahmslos von Menschen definiert, die nun mal nördlich des Äquators lebten. In Kapstadt und Sydney jedoch würde ein »Löwe« im Winter geboren. Eine moderne »Südhalbkugel-Astrologie« aber gibt es nicht.

Ich ahne, welcher Einwand gerade hinter Ihren Stirnen auftaucht:

Bestätigt nicht die Bibel selbst die Astrologie, weil drei Sterndeuter dem Stern von Bethlehem gefolgt sind und die Geburt eines neuen jüdischen Königs voraussahen?

Nein. Für die Zeit der Antike lässt sich der Beruf des Astronomen – der also streng mathematisch-physikalisch Sterne beobachtet – und der Beruf des Astrologen – der den Sternen schicksalshafte Bedeutung zumisst und aus ihren Bewegungen Schlüsse für das Leben einzelner Menschen zieht – tatsächlich nicht sauber trennen. Von irgendwas muss auch ein Forscher leben, und solange es noch keine staatlichen Forschungsgelder oder Wissenschafts-Stiftungen gab, verdiente er sein Geld praktischerweise als »Augur«, als eine Mischung aus Sternforscher, Hellseher und Regierungsberater am Königshof. Ob und wie stark dieser Mensch an die (nachgefragte und bezahlte) astrologische Interpretation seiner astronomischen Beobachtungen selber glaubte – das behielt er besser für sich.

Nun hat es in der Tat – das wissen wir von Astronom Johannes Kepler, 1571 bis 1630 – drei Mal im Jahre 7 vor Christus eine Konjunktion der Planeten Jupiter und Saturn gegeben, die nur alle 854 Jahre vorkommt. Auf der nördlichen Halbkugel der Erde war diese Planetenstellung als heller Kegel zu sehen, und zwar in den frühen Abendstunden des 27. Mai, des 6. Oktober und des 12. November. Aus griechischen und römischen Texten kann man entnehmen, dass in der antiken Astrologie der Planet Jupiter als Königsgestirn galt (»beim Jupiter!«, würde Asterix sagen), der Saturn dem Volk der Juden zugeordnet wurde und das Tierkreiszeichen der Fische, in dem die Konjunktion stattfand, für den geografischen Raum Nahost stand. Das war gängige Mythologie und erklärt nur, *warum* die drei Astronomen/Astrologen einen a) König, b) der Juden in c) Palästina suchen. Übersehen Sie aber bitte nicht, wie feinsinnig, beinah verschmitzt, der biblische Bericht erzählt, dass die Beobachtung der Natur die drei Weisen zu ihrer Gottesbegegnung *hinführt*, also nicht selbst die Gottesbegegnung *ist!* Nicht Jupiter und Saturn sind verehrungswürdige Götter – die hätten sie auch zu Hause in Babylon anbeten können –, sondern Jesus ist Gott, und *den* »beten sie an«, wie es dann heißt. Schenken ihm also, außer branchenüblich wertvollen Mitbringseln, ihr Herz!

Ein Sternbild kann ich nicht lieben, eine noch so plausibel klingende Tierkreiszeichen-Charakter-Analogie liebt mich nicht wieder. Schicksalhafte Bedeutung für den Menschen hat nicht der Stern von Bethlehem, sondern das Kind von Bethlehem, sagt der Matthäustext.

Gott wird Mensch, das heißt: Mein Gegenüber, an das ich mich wende, sind nicht kalte Gestirne, sondern ist eine lebendige Person aus Fleisch und Blut: Jesus von Nazareth. *Ihm* wollen die drei Weisen begegnen, *ihm* gilt ihr ganzes Interesse. Die Planetenkonjunktion allein gab nur Anlass zu einer Vermutung. Sterne sind geschöpflich, nicht schöpferisch! Insofern ist die Weihnachtsgeschichte gerade *keine* biblische »Heiligsprechung der Astrologie«.

Und warum heißt es dann immer »heilige drei Könige«?

Na ja, die wertvollen Geschenke der drei bezog Kirchenvater Tertullian im vierten Jahrhundert auf alttestamentliche Messiasverheißungen aus Jesaja, Kapitel 60, Vers 3 und Psalm 72, Vers 10 – »Die Könige von Tarsis, Saba und Sheba bringen Geschenke« – da waren es schon mal »Könige«. Griechische Mönche im 8. Jahrhundert wussten irgendwann ihre Namen –»Kaspar, Melchior und Balthasar« – und dass es ein Jüngling, ein Mann und ein Greis gewesen sei.

Und ausgerechnet zur Zeit der Kreuzzüge, im zwölften Jahrhundert, setzte sich die Überzeugung durch, dass einer von ihnen ein Maure (ein »Mohr«) gewesen sei, womit man schlussendlich die Vertreter der drei damals bekannten Erdteile Afrika, Asien und Europa an der Krippe versammelt hatte. Schöner Gedanke, immerhin. Im Matthäusevangelium, Kapitel 2, Verse 1-12, steht nichts von Königen, nicht, dass es drei waren, nicht wie sie hießen und nicht mal, wo genau sie herkamen.

Dann stimmen die Zeitangaben der Weihnachtsgeschichte aber nicht, meinen Sie? Wenn Johannes Kepler den Stern von Bethlehem auf 7 vor Christus datiert hat?

Doch. Die Angaben der Bibel schon. Die unserer Zeitrechnung nicht: Vergleicht man die Auskünfte des Evangelisten Lukas mit säkularen römischen Geschichtsdaten, dann beziehen sie sich deckungsgleich auf das Jahr 7 vor Christus. Im »Jahr 0« waren die in der Weihnachtsgeschichte genannten römischen und jüdischen Amtspersonen – Kaiser Augustus, Syriens Statthalter Quirinius, Jerusalems Präfekt Pontius Pilatus, König Herodes – entweder schon tot oder beruflich längst woanders. Insofern ist es richtig zu sagen: Christus wurde sieben vor Christus geboren, ja. Und wenn wir unsere Zeitrechnung begonnen hätten mit dem tatsächlichen Geburtsjahr Jesu, wäre die Jahrtausendwende 1993 gewesen.

Maria und Josef, die wussten genau, wann ihr Kind geboren wurde: Im Jahre 746 nach der Gründung Roms.

Diese Zeitrechnung änderte allerdings der etwas unbescheidene Kaiser Diokletian im Jahre 284 n. Chr., indem er sagte:»Mit meiner Thronbesteigung beginnt eine neue Zeitrechnung, jetzt ist Null!«
Da ähnelt er Erich Honecker, als er sagte »Wo wir sind, ist vorn!«, finden Sie nicht? Papst Johannes I. hat das 525 n. Chr. noch mal geändert, Papst Gregor XIII. hat 1582 nur mal zwischendurch fünf Monate ausfallen lassen ...

Ich lasse die wirre Geschichte unserer Kalender auch ausfallen, denn ich höre schon einen Einwand, der uns zum Kern des Themas zurückführt: Der astrologisch errechnete oder gynäkologisch tatsächliche Zeitpunkt einer Geburt könne doch einen Einfluss auf vorgeburtliche Prägungen des Kindes haben?

Na ja, klar. Doch, doch ... Bei archaisch lebenden, naturnahen Völkern sowieso: Ob die schwangere Mutter vitamin- und eiweißreiche Kost bekam oder an trockenen Vorräten nagte; ob sie die Hälfte der neun Monate Ruhe hatte, weil sie in den Bergen eingeschneit war, oder ob sie bis zum Tag der Entbindung auf den Feldern schuften musste – das alles spielt eine Rolle fürs Kind, sicher. Ganz zu schweigen von der seelischen Verfassung der Mutter und ihrem sozialen Umfeld: Ob sie als Schwangere geliebt und umsorgt wurde oder verachtet und vernachlässigt – wer wollte bestreiten, dass ein Kind so was vorgeburtlich beeinflusst. Aber die *Sterne?!*

Der von uns aus nächstgelegene Stern, der Sirius, ist »nur« 8,33 Lichtjahre entfernt. Seine Energieströme, die bei uns ankommen, brauchen zwanzigtausend Jahre, um einen Fingerhut kaltes Wasser auf achtzig Grad zu erhitzen. Da finde ich die Gravitation des Mondes auf Ebbe und Flut aber eindrucksvoller ... Halt! Nicht polemisch werden hier. Seriöse Astrologen reden gar nicht von Physik, Gravitation, Biologie oder Astronomie, sondern von psychologischer Symbolik?

Einverstanden.

Wie hoch schätzen Sie dann die Gefahr des Determinismus ein, der Festlegung des Selbstbildes eines Menschen?

Eine junge Frau fragt, »Wer bin ich« oder »Warum bin ich so«, und der Astrologe erklärt es ihr. Behauptet sogar, er beweise es ihr wissenschaftlich, obwohl er nullkommanichtmehr weiß als die Uhrzeit und das Datum ihrer Geburt! Die Frau glaubt ihm. Sie glaubt vor allem auch, was der Astrologe über den »passenden« Partner erzählt hat. Jetzt beobachtet die Frau sich selbst und die Männer, die ihr gefallen ... Und los geht ein Mechanismus, den Sie als »selbsterfüllende Prophezeiung« kennen: Meine Vorurteile und Projektionen, meine Annahmen und Vermutungen bestätigen sich plötzlich alle!

Aber nicht, weil die Realität so wäre, sondern weil ich die Realität bereits voreingenommen betrachtete und bestätigend interpretiere.

Der Astrologe ist aus dem Schneider, auch wenn keine seiner Zuordnungen stimmten: Außer Tierkreiszeichen, Sternbild und »Haus« kann er aus Aszendent, Deszendent, Trigon und Quadratur so viele Faktoren auswählen und miteinander kombinieren, dass Fehldeutungen in jedem Fall entschuldbar sind. Dafür sorgte die Zunft schon zu Zeiten des alten Ptolemäus: »Der weise Mann überwindet die Sterne«, hat das Schlitzohr gesagt. Also: Klug ist, wer dafür sorgt, dass nicht eintritt, was die Sterne vorzugeben scheinen.

Ich soll doch bitte seriöse Astrologie von Boulevardzeitungs-Horoskopen unterscheiden, in denen eh immer dasselbe steht?

Würde ich ja gerne, aber wie? Alle – die Seriösen wie die Scharlatane – bedienen mindestens drei Wünsche der Leser:

a) sich charakterlich zuzuordnen und zu einer Art halb anonymen Gruppe zu gehören, deren gemeinsamen Stärken und Schwächen man zu kennen glaubt;

b) Entscheidungshilfen zu bekommen oder am besten gar nicht entscheiden zu müssen oder, noch besser, für die Entscheidungen nicht haftbar gemacht zu werden;

c) mit Hinweis auf die Sterne ein Stück moralische Verantwortung abgeben, wegdelegieren zu können: »Ich bin halt Stier« oder »Wassermänner sind so« oder »Wir passen astrologisch nicht zusammen«.

Ach ja? Tja, dann kann man wohl nichts machen. »Mein Seitensprung geschah unter kosmischem Einfluss und war, von der Sternenkonstellation her, zu dem Zeitpunkt quasi unausweichlich …«

Keine Missverständnisse bitte: Horoskopgläubige sind keine schlechteren Ehepartner als andere Männer und Frauen auch! Trotzdem muss die Frage erlaubt sein: Wie viel Zuwendung, wie viel Trost, wie viel Vergebung für meine versehentlichen und meine absichtlichen Fehler gibt mir ein Stern, ein Sternbild, ein Tierkreiszeichen, ein mythologisches Charakter-Etikett?

Wohin wende ich mich, wenn ich mit eben diesem meinem »So-Sein« hadere? Wenn ich in hochkomplexen menschlichen Konflikten stecke, die mit planetarischen Neigungswinkeln und Durchgangsphasen weder erklärt noch gelöst werden können, sondern in denen ich mir Befreiung, Entlastung, Angenommensein und Zuspruch wünsche und vor allem, eine Entscheidung fällen muss?

Da, in solchen Situationen, scheint es mir persönlich wahrhaftiger, aufrichtiger und realistischer zu sein, sich an den Schöpfer der Sterne zu wenden. An den Gott, der an Weihnachten Mensch wurde, anschaulich, ansprechbar und erfahrbar. Der uns als seine geliebten Kinder ernst nimmt und selbst noch jene Entscheidungen segnet, die wir nach ganz profanen Kriterien gefällt haben. Ich muss Ihnen nämlich noch etwas gestehen:

Unsere Töchter sind jeweils per Kaiserschnitt zur Welt gekommen. Ging nicht anders, ja. Den Geburtstermin haben der operierende Chirurg und ich beim gemeinsamen Blättern in unseren Terminkalendern festgelegt. »Könnten Sie Dienstagvormittag?« Ich konnte da. Und meine Frau hatte auch nichts anderes vor. Keins unserer Kinder hat uns das je vorgeworfen. Den Sternen auch nicht. Stattdessen haben sie Gott im Himmel für ihr Leben gedankt. Nach dem Lied »Weißt du wie viel Sternlein stehen«, zum Beispiel.

Diese Beziehung muss ja nicht ganz so naiv formuliert sein wie Wilhelm Heys Gutenachtlied. Sie kann ja auch lebenserfahren naiv formuliert sein – klug und kindlich vertrauend nämlich –, wie Matthias Claudius es tat:

Ich sehe oft um Mitternacht,
wenn ich mein Werk getan
und niemand mehr im Hause wacht,
die Stern' am Himmel an.

Sie gehn da, hin und her zerstreut,
als Lämmer auf der Flur,
in Rudeln auch und aufgereiht
wie Perlen an der Schnur.
Und funkeln alle weit und breit
und funkeln rein und schön.
Ich seh' die große Herrlichkeit
und kann nicht satt mich sehn.

Dann saget unterm Himmelszelt
mein Herz mir in der Brust:
»Es gibt was Bess'res auf der Welt
als all ihr Schmerz und Lust!«

Ich werf mich auf mein Lager hin
und liege lange wach.
Und suche dies in meinem Sinn
und – sehne mich danach!

Amen.

(Predigt 6. Januar 2008)

Quellennachweise

Manfred Hausmann: »Liebe«, zitiert nach: Manfred Hausmann: »Jahre des Lebens«, Neukirchener Verlag Neukirchen-Vluyn 1974

Matthias Claudius: »Die Sternseherin Lise«, zitiert nach: Hansjürgen Schulz (Hrsg.): »Es gibt was Bess'res in der Welt«, Kreuz Verlag Stuttgart 1983

Außer diesem Buch von Andreas Malessa erhältlich

Männer sind einfach ...
aber sie haben's nicht leicht
Brunnen Verlag Gießen 3. Auflage 2009,
mit Ulrich Giesekus

Vergeben kann man nicht müssen
Weiterleben, wenn Unverzeihliches geschieht
Brunnen Verlag Gießen 3. Auflage 2008,
mit Ulrich Giesekus

Kurzgeschichten von Andreas Malessa in

*Glücks*Geschichten, Brunnen Verlag Gießen 2009
*Geschenk*Geschichten, Brunnen Verlag Gießen,
   2. Auflage 2006
Weihnachts*Stern*Geschichten, Brunnen Verlag Gießen
   2. Auflage 2008
Weihnachts*Wunsch*Geschichten, Brunnen Verlag Gießen
   2. Auflage 2007
Weihnachts*Stille*Geschichten, Brunnen Verlag Gießen
   2. Auflage 2006
Weihnachts*Licht*Geschichten, Brunnen Verlag Gießen
   2. Auflage 2004
Weihnachts*Wunder*Geschichten, Brunnen Verlag Gießen
   3. Auflage 2003
(alle: Hg. Petra Hahn-Lütjen)

Petra Hahn-Lütjen (Hrsg.)

Weihnachts-Fest-
Geschichten

208 Seiten, Hardcover
ISBN 978-3-7655-1724-2

Amüsant, besinnlich, warmherzig. Ein wahres Schatzkästchen mit 53 kurzen Geschichten aus der Feder bekannter Autoren wie Hanna Ahrens, Albrecht Gralle, Tanja Jeschke, Eckart zur Nieden, Manfred Siebald, Jürgen Werth und Christoph Zehendner. Und mit jeder Erzählung kommen Sie dem Geheimnis von Weihnachten ein Stückchen näher.

BRUNNEN VERLAG GIESSEN
www.brunnen-verlag.de

Eva-Maria Busch (Hrsg.)

Ich zünd dir
ein paar Sterne an

Adventskalendergeschichten

128 Seiten, Taschenbuch
ISBN 978-3-7655-4078-3

Ein Adventskalender-Buch der besonderen Art. Für jeden Tag in der Adventszeit finden Sie eine besinnliche oder humorvolle Erzählung, die dazu einlädt, dem Geheimnis von Weihnachten nachzuspüren. So kommt Entspannung in den hektischen Alltag, und die Vorfreude auf Weihnachten wächst. Die Geschichten handeln vom Wünschen und Schenken, von Armen und Reichen, und viele eignen sich ideal zum Vorlesen und als Einstieg in Gesprächsrunden.

Mit Beiträgen von Hanna Ahrens, Albrecht Gralle, Manfred Hausmann, Hanns Dieter Hüsch, Lene Mayer-Skumanz, Titus Müller, Eckart zur Nieden, Ingeborg Reinhold, Werner Reiser, Christa Steege, Leo Tolstoi u.a.

BRUNNEN VERLAG GIESSEN
www.brunnen-verlag.de